| 目　录 |

学林往事 / 005

张忱石　　追记俞明岳轶事 /005

肖伊绯　　1937 年中华书局的作者勘误提示函 /012

序跋录 / 015

严佐之　　"天禄"遗书，"知见"新录——《天禄琳琅知见书录》序

　　　　　/015

评书论学 /020

檀作文　案头怎能无此书：《诗集传》（中国古典文学基本丛书）书评 /020

薛文辉　杂谈莫伯骥书目著作及藏书 /028

蒋　宸　着眼本体　取精用宏——评《中国古代戏曲理论史通论》/036

罗明钢　通晓三百年唐史的捷径——《唐史通俗演义》读后 /042

聂鸿音　英国收藏的西夏译《论语全解》残片 /050

赵兵兵　从词汇学的角度品书名 /055

编撰摭谈 /061

胡　珂　"唐宋史料笔记丛刊"的昨天、今天和明天 /061

张　可　浅议影印古代语言学文献索引的编写 /072

彭玉珊　"百篇"是怎样选出来的——《中华传统文化经典百篇》编辑手记
　　　　/083

读书札记 /087

顾　农　读钱笔记 /087

李晓燕　趣谈古人同姓名同字号 /096

王若约　"卧薪"新解 /103

商榷篇 ／107

吴钦根　黄灵庚《楚辞补注》校点琐议 /107

袁津琥　《龙川略志》辨误五则 /115

归学农　《邵氏闻见录》"始旧更"校札 /118

钱汝平　《新见〈唐寂照和尚墓志〉考释》补正 /120

书苑撷英 ／126

〔明〕佚名 撰　《中国史学基本典籍丛刊·明本纪校注》/126

中华书局 编　《春华集——中华书局员工文选（二〇一六年）》/128

书品

2017 年第二辑

（总第 156 辑）

主办单位：中华书局

主　编：周清华
副主编：李占领

编辑：《书品》编辑部

责任编辑：梁　彦
装帧设计：周　玉

邮编：100073
地址：北京市丰台区太平桥西里 38 号

编辑部电话：　(010) 63319942
邮购部电话：　(010) 63453762　68231248
传　　真：　(010) 63458226

印刷：北京瑞古冠中印刷厂

网址：www.zhbc.com.cn
电子信箱：shupin@zhbc.com.cn

定价：8 元

追记俞明岳轶事

张忱石

俞明岳(1909～1985)是中华书局的老职工了,还是中华书局的股东。1954年中华书局迁京前,他任驻京办事处主任;迁京后,他又任办公室副主任、财务组组长。20世纪70年代末中华书局与商务印书馆分家后,他任总编辑办公室(简称总编室)主任。俞明岳的一生,是对中华书局的发展做出过贡献的,但记述他事迹的文章甚少。李侃《我与中华书局》一文(以下简称李文,载《岁月书香》第四集)对其仅有数十字的记述,实在是太简单了。

一、股票经纪人

李文在谈到俞明岳的籍贯时,说其是"温州人"。其实,俞明岳是镇海人。镇海位于浙江甬江口,是宁波的港口,原是宁波的属县,今为宁波的一个区了。中华书局图书馆有一本《上海时人志》,挂名主编是当时国民党上海警察局长戚再玉。书内有俞明时、俞明岳兄弟的传记,亦云"镇海人"。

俞明岳自上海南洋高级商业学校毕业后，即从事证券交易，他是有名的股票经纪人。在"五·七"干校闲聊时，我曾向他请教小说《子夜》里的股票买空卖空。20 世纪 80 年代，电影《子夜》上映，中华书局组织全体职工观看。有一天，我对他说："老俞，上海证券交易所是电影《子夜》里的那样子吗？"他说："不瞒你说，《子夜》剧组找过我，解放前的股票交易，导演、演员根本不懂，我专门给他们上了一次课。电影里的上海证券交易所，大体如此吧，其实上世纪 20 年代末到 30 年代初，比电影里还要紧张忙碌。"他又说："电影里股票跌了，吴荪甫急急忙忙跑到交易所去抛售，这就错了，哪儿有大亨亲自上交易所的啊！"他言外之意，买卖股票得找股票经纪人。股票经纪人，买卖双方都要向其支付佣金，只赚不赔。俞明岳的财产因此急速增长。然而就在此时，病魔袭来，他得了伤寒病，躺在床上有半年之久。等到病好了，上海已解放，证券交易所关闭，全部财产没收。他说："那次我损失惨重，约相当人民币 2000 多万元吧。"不能再搞股票交易了，他这才进入中华书局工作。俞明岳的经历十分简单：中华人民共和国成立前，在上海从事证券交易；中华人民共和国成立后，随中华书局迁京，一直从事出版工作。

二、三件小事

俞明岳做事认真，无论什么事，他总会尽力去做。1969 年，他正好 60 岁，与我们一起去了湖北咸宁文化部"五·七"干校。像他那样身份的人，一直生活在上海、北京，别说上农村劳动了，可能连农村都不一定去过。到了干校，他也同我们一样，能吃苦，能干活儿，只是劳动技能差些。咸宁那个地方是胶泥土地，经常下雨。当地有句口头禅："天晴一把刀，下雨一团糟。"形容晴天土坚如刀锋，雨天土粘结湿滑。

干校有一种排子车的运输工具，一人在前驾辕，前面有一两个人用绳子拉车。要是雨天，粘土碾粘在车轮上，越粘越多，以至车轮停转，无法行走。有经验的人总会带上一把洋镐，随时清除粘土。俞明岳哪里知道这些小诀窍，车子粘得拉不动了，以为只要加大力气就可以了，结果一味使劲发力，以至拉车绳索崩断，一下子冲到前面摔了一大跤。一般人摔倒会用手撑地，可他却来了个面朝地，把鼻子跌破了，流了不少血。在医务室上好药，鼻子上贴了一块白纱布，远远看去，仿佛京剧中的小花脸，十分滑稽。我同他开玩笑说："老俞，几天不见，怎么变成肯尼迪（啃泥的）了？"他苦笑笑，不以为忤。俞明岳在干校还是"鸭司令"，负责放养连队百十来只鸭子。一清早要到鸭棚，打开栅门，这些鸭子叽叽嘎嘎、摇摇摆摆，到附近的一块沼泽地觅食。鸭子是夜间产蛋的，俞明岳便要打扫鸭栅和捡鸭蛋，等一会儿连队送饭来，带回食堂腌制，留到农忙时食用，俞明岳再到沼泽地看护这些鸭子。咸宁地区高温湿热，犹如蒸笼，就是不干活儿，在太阳下晒上一天也是盯不住的，像他过去在上海是极有钱的人，有人伺候，吃惯用惯，居然能在这样艰苦的环境中勤勉劳动，实属不易。

"五·七"干校的劳动十分辛苦，每当休息时，不少男同志聚在一起抽烟聊天儿，借此消除疲劳。有一位女同志说："你们这些烟鬼，也不学学老俞，钱没有人多，还抽烟，还不节约点儿。"俞明岳说："我年轻时也是老烟枪，上私塾时就抽烟，还把毛笔的铜笔套一头儿磨通，当烟嘴儿。"我问："怎么又不抽了？"他说："有件事让我受益终身。过去有个朋友盖了新房，亲友都去祝贺，吃过酒席，打几圈麻将。打着打着，突然一股焦枯味扑鼻而来，不知谁扔的烟头，把新地毯烧了个窟窿。打麻将的四人中，有三人彼此推诿，都说自己的烟头儿放在烟缸里了，弄得大家很不愉快。只有一个人默不做声，置之度外，因为他不吸烟，不言自清。自此我立誓，决不再抽烟，一直至今。"由此可见，俞明岳真是有毅力的。

俞明岳是股票经纪人出身，头脑精明会算账，曾经当过中华书局财务组组长。可他居然跟我说，他曾经算错过稿费。他说："邓之诚先生的《中华二千年史》字数多，表格亦多，有的表格一页只有几个字，计算稿酬极为费事，稿酬又是以千字计算的，我自以为聪明，表格中有空白的地方，全部视作无字，这样算下来省却几十万字，也就是说，可少算一大笔稿费。邓先生收到稿酬，认为计算不当，写信给金灿然。灿然同志叫我到邓府做些沟通，这样我见到了邓老夫子。邓先生说：'我设计的表格都是有史料根据的，凡是空白的地方，是不应当有文字，是对的。假如有文字，反而是错了。而我对的地方反而要扣稿费，这就不应当了。'我回来以后反复思考，认为邓先生的话是有道理的，便向金灿然作了汇报，同意如数补付稿酬。邓先生很高兴，来信表示感谢，还邀我到他家叙谈，请我吃了一顿便饭。"俞明岳又说："出版社同作者关系极为重要，不仅编辑，其他部门亦应当注意这个问题。"像表格空白处如何计酬，还真是有点儿学问，是否对今日计算稿酬亦有借鉴之处呢？

从以上三件小事，有的是我看到的，有的是俞明岳告诉我的，可以看出，俞明岳是一个做事认真、有毅力和坦诚的人。

三、做好总编室的工作

中华书局 1971 年下半年恢复业务，也仅仅是点校"二十四史"而已。那时商务印书馆、中华书局两个单位一套领导班子，共分为四个编辑室，第一、三、四编辑室出版的均是商务印书馆的书，只有第二编辑室是中

华书局的业务。1976 年粉碎"四人帮"后，1979 年两个单位分开，中
华书局仍旧是文学、古代史、近代史、哲学、丛书五个编辑室，后来丛
书编辑室改为综合编辑室，又新增语言文字和《文史知识》两个编辑室。
工作一段时间后，发现政令不通畅，部门之间缺乏了解、协调，有人形
容犹如一部老爷机器，缺少零件，虽然运转，但效率低下。造成这种状
况的原因有三：一、出版业务中断了十年，新老人员都有一个熟悉业务
的过程；二、"文革"后遗症，怕犯错误，工作缩手缩脚；三、尚属于
计划经济大锅饭，没有奖惩制度，工作缺乏主动性。为了改变这种状况，
俞明岳想方设法制订了各种不同类型的报表。每年年底，总编室通知各
个编辑室主任报送下一年发稿和出书计划；每季度伊始，总编室会向各
部门发放发稿、排校、出书等各种统计表。这些报表是极其精细的，具
体到书名、作者（包括古人及整理者）、字数、繁简、责编姓名、发稿
月份等等。此外，财务处有已经出版图书的盈亏报表。可别小看这些报
表，把它们积存起来，每种书的发稿、校次、付型、出版、印数、盈亏
等情况一览无遗。若以编辑室为单位，每个编辑组稿种类、发稿多少、
阅审校样字数亦十分清楚，工作谁好谁坏，不言自明。这些报表起到了
提纲挈领的作用，扭转了通而不畅的积疾。

　　俞明岳不是编辑人员，但有相当的旧学根底，对中华书局出版的
图书十分关心，经常翻翻看看。他有时拿一两册唐宋史料笔记来对我说：
"你看看这里标点是不是错了？"十有八九，他是对的。1981 年《文史知识》
创刊，因为经过"十年动乱"，不少年轻人失去了学习的机会，这个杂
志正好可以补习中国文学史、古代史方面的知识，俞明岳觉得自己是总
编室主任，理应做好宣传工作，创刊号他自费购买 1000 册，通过民进
组织分发给亲朋好友，扩大宣传，以广为人知。当时任《文史知识》编
辑室主任的杨牧之曾说："就凭俞先生这一壮举，《文史知识》要记他一

辈子，感谢他一辈子。"1985 年 12 月 27 日，俞明岳突患心肌梗塞逝世，中华书局同仁十分悲痛，尤其是《文史知识》编辑室的同志，在他逝世一周年后还在刊物上发表"襄助创办《文史知识》的俞明岳同志逝世一周年"的纪念报道。此后，中华书局多位总经理、总编辑等领导离世，尽管级别高于俞明岳，但皆没有受此哀荣。《文史知识》编辑室的同志还撰写了悼念俞明岳的文章，我就不在此言述了。

四、资助贫困儿童入学

从恢复高考到 20 世纪 80 年代中期，很多学生毕业了，其中不乏优秀的青年才俊，尤其是理工科方面，需要进一步出国深造，以赶上世界同步发展。香港中华总商会会长王宽诚是一位爱国实业家，捐赠 1 亿美元，在教育部设立"王宽诚教育基金"，专门培养出国留学的高科技优秀人才。而教育的另一方面，国内一些贫困地区的青少年，因为家境贫寒而失学辍学的现象时有发生。俞明岳是民进中央文教委员会副主任委员，捐赠 1 万元，为解决贫困儿童上学问题尽自己一份力量。20 世纪80 年代，一般职工月工资不过几十元钱，1 万元是不小的数目了，那时形容财富多叫万元户。有一次我同他讲起此事，他说："小意思，没法同王宽诚比了。"我问："王宽诚你认识啊？"他说："老朋友了，还是同乡。你知道他原来是干什么的吗？"我摇摇头。他说："王宽诚抗战前在上海做生猪生意，上海话叫贩猪猡，要说本钱还不如我哪。"我说："那怎么发了呢？"俞明岳说："1941 年 12 月日军攻陷香港，把汇丰银行的金库打开了，日本人把原来港英政府准备发行的百元大钞拿到市面上，强迫市民使用，香港人根本不认，日本人就拿到上海使用。上海人倒是认了，不过要大打折扣，百元仅顶两毛钱用，如同废币。王宽诚大量收购，甚至叫我也收点儿，我没理他。1945 年 8 月，日本投降，英国人又回到香港，居然承认这百元大钞，王宽诚着实发了一笔大财，也就把经商地转到了香港。由于财力雄厚，经营金融、地产、百货、食品等等，搞得风生水起，赚得盆满钵盈。我当然没法同这位王老兄比了，只能捐点儿小钱，帮助一下贫困的孩子吧。"俞明岳捐资扶助贫困失学儿童的事，是他通过民进捐赠的，是他晚年做的一件极有意义的事，但中华书局知道的人不多。受他帮助的人现都步入中年，活跃在工作岗位上。在他已经离开我们三十二年之后记述出来，亦是对这位老职工的缅怀吧！

中华书局《中华活页文选》杂志入选百种优秀报刊

2017 年 5 月 31 日，在第 27 届全国图书交易博览会上，国家新闻出版广电总局发布向全国青少年推荐百种优秀出版物和百种优秀报刊，中华书局《中华活页文选》杂志入选百种优秀报刊。

《中华活页文选》复刊近二十年来，始终坚持"普及传统文化，提升语文素养"的办刊宗旨，为广大中学生读者提供了高品质的课外阅读文本。目前，该刊共有初一年级、初二年级、初三年级、高一年级、高二高三年级、教师版六个分册，内容格调高雅，文质兼美，较好地体现了人文性、经典性、时代性和趣味性。刊物特别重视中华优秀传统文化教育，擅长对中华优秀传统文化进行精准阐释和生动讲解，受到众多中学生读者的喜爱，以及教育工作者和家长的肯定。

（霍　烨）

1937 年中华书局的作者勘误提示函

肖伊绯

　　一般而言，一本书在进印厂印制之前，出版社会将清样稿交给作者做最后一次校对，以确保书稿的错误率尽可能降低。但在新书印毕，交付作者样书之际，仍正式致函提示，让作者再对新书校对，以便重版时再行修改的情形，却并不多见。笔者近日有幸得观一件八十年前的文档，乃是 1937 年中华书局的作者勘误提示函，印证了当年出版社在出版物品质方面的严谨态度与一贯的责任心，实在令人感慨不已。现将这份作者勘误提示函原文照录如下：

　　敬启者大著《法国中古短笑剧》一书今已出版,照约奉赠伍部。敬乞詧收是幸。

　　此请小蕙先生台鉴。

　　　　　　　　　　　（钤印：中华书局编辑所总编辑部）谨启

　　敬请注意：另附样书一部，敬求细细校阅一过，其中如有排印

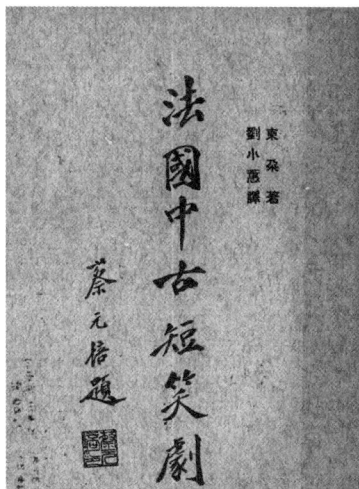

刘小蕙编译的《法国中古短笑剧》，中华书局1937年5月初版

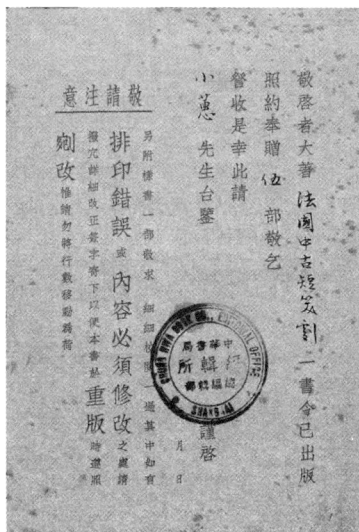

中华书局于1937年致刘小蕙的作者勘误提示函

错误或内容必须修改处，请拨冗详细改正，签字寄下。以便本书于重版时遵照剜改，惟请勿将行数移动为荷。

据查证，这份作者勘误提示函中提到的《法国中古短笑剧》，乃中华书局1937年5月初版，是法国东朵原著，译者刘小蕙。刘小蕙是著名学者、新文化运动健将刘半农的长女，1916年生于上海铜仁路明厚里一号。此刻，21岁的刘小蕙，在父亲的帮助与指导下，初试译笔，就出手不凡，于1937年5月在中华书局同时推出了两种译作，一本是与其父合译的《苏莱曼东游记》，另一本就是她个人编译的《法国中古短笑剧》。这两本译作，还得到了蔡元培的赞赏，亲自为之两度题笺。

当然，在作者与作品的盛名之下，出版社对出版物本身的品质更不可掉以轻心。即便是有蔡元培题笺，刘半农助阵的刘家才女的力作，中华书局仍公事公办，相当重视出版事后的作者勘误工作。当年，中华书局编辑所就郑重其事地将作者勘误提示函连同五册作者样书寄至刘小蕙手中，同时还另附一册样书，专门供刘修改订正之用。应当说，这种出版事后的作者勘误，不但要让作者重新审视修订自己作品、精益求精的改进，更是要将所谓的"手民"之误即印刷过程中出现的技术性错误充分辨识与改正。不得不说，八十年前的中华书局，为确保与提升出版物的质量，用心可谓良苦。这一份作者勘误提示函，予后人启迪与感触实在良多。

《〈资治通鉴〉与家国兴衰》入选 2016 年度中国好书

　　2017 年 4 月 23 日，2016 年度中国好书揭晓。在六大类共 30 种(含两种年度荣誉图书)年度好书中，中华书局版张国刚著《〈资治通鉴〉与家国兴衰》荣获 2016 年度人文社科类中国好书。

　　该书从《资治通鉴》文本出发，观照影响家国大政之关键节点，言简意赅地讲述由春秋三家分晋至大唐盛世终结的中国历史。书中不乏忠于原典的历史场景再现、人物言行钩沉，更有作者独到精彩的分析评论，变一部体量浩繁的古典巨著为精简通达的大众历史读本，是当代学者解读历史经典的重要成果之一。

(清平客)

"天禄"遗书，"知见"新录
——《天禄琳琅知见书录》序

严佐之

　　刘蔷女史新著《天禄琳琅知见书录》（以下简称《知见书录》）杀青在即，这是她"天禄琳琅"专题研究规划中与前著《天禄琳琅研究》相辅相成的"姊妹篇"：已出版的《天禄琳琅研究》是对清宫"天禄琳琅"藏书及《天禄琳琅书目》的整体研究，将出版的《知见书录》则为个案研究。个案研究是整体研究的文献基础，整体研究是个案研究的理论阐述，正如撰者所云："两者相合，堪为此专题之完整论述。"然而依我观之，这两部专著的关联不仅在于"整体"与"局部"的分合，还在于两种著述体裁的"古今合璧"：《天禄琳琅研究》分章为五，先后论述清宫"天禄琳琅"藏书始末，综述藏书之现存状况及版本实情，详考《天禄琳琅书目》编纂始末，剖解《天禄琳琅书目》体例特点，归纳《天禄琳琅书目》版本学成就及考证得失，的属现代学术论著之标准模式。《知见书录》则沿袭清人莫友芝《邵亭知见传本书目》以"知见"入目的特点，逐一考察《钦定天禄琳琅书目后编》著录各书的存佚及流传，补其无考，正其错讹，辨其真伪，考其存佚，胪列版本特征，叙述递藏授受，凡可援资考订之文献皆详录之，乃属传统书志体式之目录专著。现代论著形式与传统书目体式在某一专题研究中得以完美合璧，这样的事例近来还不止一个，如郭立暄《中国古籍原刻翻刻与初印后印研究》的"通论编"与"实例编"，孙猛《日本国见在书目录详考》的"考证篇"与"研究篇"。若此个中之义，岂不大可玩味？这至少说明，在中国学术吸收西学、步入现代的今天，以古代书目为研究对象的古典目录学，仍是一门"活在当下"的学问，历史悠久且丰富多样的传统书目类型与体式，仍可在众多研究领域中展示其"生命力"而大有作为。刘蔷女史新著《知见书录》，无疑为此"个中之义"增添了一个新的案例，树立了一个新的典范。因为在我看来，作为一部具有专题研究性质的版本目录，《知见书录》既是对古代书目《天禄琳琅目书目后编》的补正考辨，又体现了传统"知见录"的书目特点，并对传统"藏书志"目录体式的"推陈出新""与时俱进"不无贡献。

《知见书录》著录"天禄琳琅"旧藏善本古籍七百二十三部，凡现存者多经直接目验，书佚或未知存处则迻录文献或注明线索。因为这些版本散落于海内外众多公私藏家，而非庋藏一处，故而体现了传统"知见录"书目的性质特征。撰者自称"本书沿袭莫友芝《郘亭知见传本书目》以'知见'入目的特点"，是即谓此。然而，刘蔷《知见书录》之"知见"虽源自郘亭《书目》，其"沿袭"却非亦步亦趋，而是从实际出发，有所变例。此所谓"实际"，就是刘《录》之"知见"与莫《目》之"知见"并非完全一致。郘亭"知见"的对象，是以《四库简明目录》著录为基准的（少量《四库全书》未著录之书）传世版本，而刘蔷"知见"的对象，则是以《天禄琳琅书目后编》著录为基准的（少量《后编》以外的"天禄琳琅"别藏）"天禄琳琅"旧藏善本。"传世版本"当然会纷杂众多，凡所知见之《四库总目》著录图书的历代版本皆可入目；而"旧藏版本"

则是指定和唯一的，非原藏"天禄琳琅"者莫属。因为要注记众多"知见"版本，所以莫友芝《郘亭知见传本书目》、邵懿辰《四库简明目录标注》等"知见录"倡始者，大都采用"简目"体式著录版本，后世继之者大多如法炮制，鲜有逾越。唯近今杜泽逊先生《四库存目标注》出，方始突破藩篱：在通常"知见录"详记版式行款之外，间或"于原书序跋，均记其年月姓名，并撷取与刊钞有关者，以为鉴别左证"；于"藏书家之题跋识语"之"罕见者"，则"迻录之"；于"白纸初印、刊镂精工者，特识之"，大大丰富了"知见录"的版本信息含量。照理论分析的说法，就是在通常简目体"知见录"中，增入了"藏书志"的部分要素。而刘著《知见书录》对通常简目体"知见录"的"突破"，则要比杜著《标注》更为彻底。当然，这是从实际出发不得不为的变例：《天禄琳琅书目后编》书目体式既已呈"藏书志"面目，那么以"知见"《后编》著录版本入目的《知见书录》，又怎可继续沿袭"知见录"通常的简目体式呢？且不论其书志撰写如何，唯此一个"突破"，便从传统"知见录"书目体式"旧枝"上结出一个"新果"。至于说到书志内容，《知见书录》的突出优异之处，就在考订版本"藏弃源流"与"鉴别真伪"二端。而这正是揭示"天禄琳琅"旧藏原本真相最吃紧的要务：曾经庋藏清宫的珍善版本，当年如何流出禁城，其间怎样辗转各处，如今遗存几许，散藏何方；《钦定天禄琳琅书目后编》虽称"重在鉴藏，不嫌博采"，惜其著录版本讹误颇多，当年馆臣何以错失至此，其版本真伪究竟如何。为此，《知见书录》对"审定版本及存藏情况"的书写可谓不惜"浓墨重彩"："特别揭示版本作伪痕迹，辨析阐明《钦定天禄琳琅书目后编》致误原因"；"过录鉴赏家题识、题跋、题款、题诗"，"略考收藏家姓名字号与生平"；"核以《赏溥杰书画目》，记其流出清宫时间，列出民国以来经眼、收藏及现今馆藏书目著录信息"，"备注出宫以后之递藏授受源流"。较之以往"藏书志"目录，也不失为"别出心裁"。

作为"天禄琳琅"专题研究中的一个部分，赏读《知见书录》，会很容易想到余嘉锡先生的目录学名著《四库提要辨证》。这当然不是要拿现在的刘蔷与已走入历史的大师相比，而是因为这两部目录专著实在有着很多的相似性。《四库全书总目》和《天禄琳琅书目》（前后编）同为乾隆时代两部最大的官修书目，被后世称为"清代目录学史上并峙的双峰"。一部是旨在指导"读书"的提要目录，一部是重在指导"鉴赏"的书志目录，二者"代表了古典目录学的两大流派"，都在古典目录学史上居有重要地位，产生过重大影响。但同样的遗憾是，这两部官修书目也都因为种种原因而留下诸多阙失与讹误。《四库全书总目》的失误，余先生在《〈四库提要辨证〉序录》中已道其详，并以九十篇精彩辨证文章，汇为一书，树立了"四库全书总目"专题研究目录的典范。《天禄琳琅书目》特别是《后编》的"版本鉴定错误及其原因"，刘蔷在《天禄琳琅研究》中也有专节讨论，继而覆验遗存旧本，撰成书志六百六十四篇，合为一书，为"天禄琳琅藏书"专题研究目录的编撰开启新河。由此设想，今之研读《四库全书总目》者，固已视余氏《辨证》为断断不可绕过的经典，后之研读《天禄琳琅书目》者，是否也将无法绕过刘蔷《知见书录》呢？我的预见，自然是肯定的。

我获识刘蔷女史已十有余年，其初的印象是特别聪明颖悟，久之则更感觉她的异常刻苦勤勉和认真细致。既聪明颖悟，又刻苦勤勉、认真细致，在学术事业上要不出大成就也难。所以能在不到十年时间里，相继完成《天禄琳琅研究》《知见书录》两部力作，她的成就之大，足以骄人傲世。幸运的是，这两部大著我都获睹在先。六年前，我忝席其博士论文答辩委员会，见证了《天禄琳琅研究》问世的初啼。今复辱承厚爱，赐示新稿，并嘱一言。受命展诵，获益良多，感慨滋深。然自忖疏离目录版本学研究前沿已有年月，知识渐趋老化，眼界难免囿限，于此书要旨精义，不足阐扬以万一。惟念起潜先师尝云："目录之有功于学术文化，盖难以一二语尽之也。"遂敢抒鄙意，率记数语，聊为新著喤引，且志观成之喜云尔。

2016 年 10 月记于沪上寓所

（《天禄琳琅知见书录》，刘蔷著，北京大学出版社 2017 年版，定价 160 元）

案头怎能无此书：《诗集传》（中国古典文学基本丛书）书评

檀作文

　　每当有人问我研读《诗经》最重要的参考书是哪一部，我都毫不犹豫地回答：(朱子)《诗集传》。理由有三：一是《诗集传》部头适中；二是《诗集传》适合阅读；三是《诗集传》学术成就高。

　　《诗集传》全书约 30 万字，篇幅适中，用起来很方便。《诗集传》的体例，注解每一篇作品，必在每章之后概括章义，且一般于首章之下揭示全篇主题，贴近人们的阅读习惯。《诗集传》的伟大学术意义，则在集有宋一代诗经学之大成，奠定了求诗本义的新传统。

　　今之通行《十三经注疏》本《毛诗正义》，在《音义》(即唐陆德明)之外，包含《诗序》(相传为子夏作)、《毛传》(西汉毛公作)、《郑笺》(东汉郑玄作)、《诗谱》(郑玄作)、《孔疏》(唐孔颖达作) 五部分内容。《诗序》为解诗旨之作，兼及世次；《毛传》以文字训诂为主，兼有对诗义的串讲发挥，然极简略；《郑笺》进一步发挥《毛传》之说，且对《毛传》时有驳正；《诗谱》专论三百篇之世次；《孔疏》则对《毛传》《郑笺》详加疏证，详细串讲章义篇义，且辨析毛郑异同，但以调和为主。从细处着眼，这五个部分不尽吻合，但将这五者视为一个汉学诗经学的整体，亦未尝不可。总体上说，《诗序》是汉学诗经学的灵魂，依《序》说诗是汉学诗经学的根本特征。以朱子《诗集传》为代表的宋学诗经学的根本特征，则是不依《序》说诗。

落实到《诗经》作品文本阐释上，是否依《序》说诗，亦即尊《序》、废《序》之争的关键，在于阐释者对《诗序》是否合于诗旨的判断。汉学诗经学认为《诗序》出于圣人（为其入室弟子所传），其对诗旨的阐释自可尊崇，故主张依《序》说诗；宋学诗经学则以怀疑之精神，独立思考，发现《诗序》不合诗旨之处甚多，故不主张依序《说》诗，而于文本自身求诗本义。

朱子不但指出《序》有不合诗人之本意处，还指出以《诗序》为核心的汉学诗经学在说诗上有两个错误倾向：一是断章取义，二是傅会历史。"断章取义"，是将《诗经》作品文本的局部从整体上割裂开来，不顾文本的有机整体性，随意生说。"傅会历史"，主要是因为汉儒过于迷信"风雅正变"之说，依据世次来定诗之美刺。凡是一篇诗，在汉儒看来一定是要对时政有所美刺的。凡是时代在前（周初文武成康时）的，一律是"美"；时代在后的，一般就认定是"刺"，而且往往要派附给恶谥之君。若是世次在后，而文意为美的，便说是"陈古刺今"。朱子在批判汉学诗经学依《序》说诗、迷失本义的同时，提出自己的解诗主张：涵泳本文，求诗本义。针对汉儒的断章取义，朱子强调要照管通篇前后血脉。针对汉儒的傅会历史，朱子则提出说诗要"考诸书史"和"揆以情理"。

马端临指出："《序》求诗意于辞之外，文公求诗意于辞之中。"（《文献通考·经籍考五》）不依《序》说诗，而于经文自身求诗本义，实际上是承认《诗经》的文本自身可以作为一个独立自足体存在，这为从文学角度认识《诗经》，并使其最终脱离经学的附庸地位，提供了可能性。否定断章取义，主张说诗要照管前后血脉，则是认同《诗经》文本是作为一个有机整体而存在的，其局部（单独的一句）的含义受整体（完整的一篇或其中一章）制约，不能将局部从整体中割裂开来。朱子的这些主张，无疑是合理的。这从学理上为《诗集传》成为划时代的学术巨著奠定了基础。

词义训诂方面，《诗集传》亦取得了极高成就。王力先生在为其门人向熹《诗经词典》所作的序中说："我个人的意见是，关于《诗经》的词义，当以《毛传》、《郑笺》为主；毛郑不同者，当以朱熹《诗集传》为断。《诗集传》与毛郑不同者，当以《诗集传》为准。"这个评价很高，但恰如其分。词义训诂方面，《诗集传》充分继承吸收《毛传》《郑笺》等前贤成果，但又多有突破。兹举二例："言"字在《诗经》里出现多次，毛郑一派习惯将"言"训作"我"。如《周南·葛覃》篇"言告师氏，言告言归"，《毛传》在句下注曰"言，我也。"现代诗经学的先驱胡适撰有《诗三百篇言字解》，指出《毛传》《郑笺》皆训"言"为"我"，只在《尔雅·释诂》文中有证据，实不可取。胡适用以经解经、以新文法读旧籍的方法，指出《诗经》里的"言"字实际上多为一种表示语法作用的虚词。其实，胡适的说法算不得什么创见，朱子老早就说过了。《诗集传》在"言告师氏，言告言归"句下注曰"言，辞也"。再如《周南·关雎》篇"参差荇菜，左右芼之"的"芼"字，《毛传》曰"芼，择也"，《诗集传》曰"芼，熟而荐之也"。《诗集传》的训释亦优于《毛传》。《毛传》训"芼"作择，不过望文生训而已，于六书理论及先秦典籍用例皆不相合。"芼"字在《诗经》中仅出现一次，但在先秦礼书中却出现多次。《礼记·昏义》云："古者妇人先嫁三月，祖庙未毁，教于公宫；祖庙既毁，教于宗室。教以妇德、妇言、妇容、妇功。教成之祭，牲用鱼，芼之以蘋藻，所以成妇顺也。""芼之"连用，与《关雎》篇无异。"芼"字的本义，《说文解字》讲得再明白不过："芼，艸覆盖。从艸，毛声。《诗》曰'左右芼之'。"段注："《毛郑诗考正》曰：芼，菜之烹于肉湆者也。《礼》：羹芼菹醢，凡四物。肉谓之羹，菜谓之芼，肉谓之醢，菜谓之菹。菹醢生为之，是为醢人豆实。芼则湆烹之，与羹相从，实诸铏。《仪礼》:铏芼:牛藿，羊苦，豕薇。牲用鱼，芼之以蘋藻。《内则》'雉兔皆有芼'是也。"因此，"芼之"之"芼"，朱子《诗集传》释作"熟而荐之"最是正解。盖初民之祭礼，祭物或亦讲究"荤素搭配"，置菜蔬于鱼肉之羹上，正合"芼"字"艸覆盖"之本义。后世祭礼沿革，荤素菜肴，或分置于不同器皿，但"芼"字仍沿用，然不必定是"艸覆盖"之意，而仅指祭品之菜。然此菜须先煮熟而后方可进献。故但当"芼"字成为一个《礼》学专用词，意思就定格下来了，作为名词用，指"熟而荐之"之菜；作动词用，则指"熟而荐之"。

《诗集传》在注音方面的一大特色是用"叶音"。所谓"叶音"，实为叶韵。凡是某个应该押韵的字，由于语音的变迁，用今音读已经不押韵了，于是临时改读另一音，以便叶韵。好比"车"字，我们今天读"chē"，但在诵读唐诗时，为了叶韵，我们有时将它读作"chā"，有时又将它读作"jū"（读"chā"，还是读"jū"，主要看它和哪些字押韵，如果是和诗韵"上平六鱼"部的字押韵，就读"jū"；如果是和"下平六麻"部的字押韵，就读"chā"）。这实际上是一种凸显诗歌押韵这一文体特征的变通方法。"叶音"说遭到清代以来的古音学家的严厉批评。但他们对朱子的批评未尝不是一种误解。古音学家主张每一字当有本音，不当此处读甲音，彼处读乙音。但朱子注"叶音"的初衷，只是采用一种变通比拟的方法，提醒读者此处为韵脚，虽然用今音读已经不押韵了，古音却是押韵的。朱子注"叶音"的体例，实际上是肯定某字有本音，为诵读押韵起见，才临时变通而用叶音。譬如"左右芼之"的"芼"，《诗集传》在该字下注"莫报反，叶音邈"，这是先肯定芼字的本音（非古本音）读"莫报反"，此处可采用叶音读作"邈"，乃是为了提醒读者此"芼"字和下句"钟鼓乐之"的"乐"字押韵。《诗集传》更多的地方，是只注叶音，而不注本音，则是因为有这一处凡例在先，若某字并非生僻字，则不必注本音。朱子重视《诗经》的韵文文体特征，在注音方面非但不随意，反而是极讲究。"参差荇菜，左右芼之。窈窕淑女，钟鼓乐之"四句，谁都知道"芼"字和"乐"押韵，但在《广韵》系统里这两个字就不在一个韵部，如何叶韵？处理方案，则是仁者见仁，智者见智。我当年跟吴小如先生读《诗经》，吴先生便将"乐"字念成"lào"，并告诉我游国恩先生就这么念。我一查游先生主编的《先秦文学史参考资料》，果然写的是"此处叶韵，'乐'可读作要或劳去声"。后来有机会听到唐文治先生吟诵《诗经》的音频，也是将此字念作"yào"。王力先生反对"叶音"说，他的《诗经韵读》一书此处处理意见是"宵药通韵"，"芼"是宵部字，"乐"是药部字，宵药二部是阴入对转的关系，可以通韵。学问之道，后出转精。朱子对上古音的认识，自然不及王力等近现代古音学家。但"叶音"说的鼻祖朱子为什么不像后来的"叶音"派学人那样以"乐"叶"芼"，将"乐"读作"lào"或"yào"呢？《诗集传》在"钟鼓乐之"的"乐"字下注"音洛"，实是遵循因声求义、因义定音的原则。因为在朱子的体系里，若将"乐"读作"yào"（五教反），则此"乐"训作"喜好"之义（可参《论语集注·雍也》"智者乐水，仁者乐山"章）。《诗集传》既将"钟鼓乐之"解作"亲爱而娱乐之"，自然不能将"乐"之读成"yào"（五教反）来叶"芼"字，而只能反过来以"芼"叶"乐"（音洛），故在"芼"字下注"莫报反，叶音邈"。"莫报反"，切出来是去声，没法和"音洛"的"乐"字押韵，改读叶音"邈"，便是入声了，虽然不在同一个韵部，但好歹可以通押。

以上所述，皆朱子《诗集传》一书学术成就。此下，略述朱子《诗集传》版本源流。

传世《诗集传》有二十卷本与八卷本两个不同的版本系统。二十卷本的母本系宋代家刻或官刻，八卷本则为明清坊刻。朱杰人先生在《朱子全书·诗集传·校点说明》中指出："经对校，八卷本与二十卷本属于不同的版本系统。其中朱子之传文，两本并无实质性差异，主要区别在于经文夹注。八卷本将二十卷本的经文夹注大量删改：（一）八卷本将二十卷本的反切注音大量改为直音；（二）八卷本大量改变二十卷本的反切注音及叶韵；(三) 八卷本将二十卷本经文夹注中有关异文、句逗、押韵、考辨等的说明文字悉数删汰。经研究考证，八卷本对二十卷本的这些删改，错误百出，且非出自一人之手，可以肯定是被明时坊刻所改，已失朱子原帙之貌。"很明显，二十卷本的学术价值优于八卷本。

今中华书局版"中国古典文学基本丛书"本《诗集传》，其母本即为《四部丛刊》(三编) 影印自日本静嘉堂文库的宋代二十卷本 (残本)，又以多种宋、元、明本参校，其学术价值自可想见。读者诸君能读到这样好的本子，实为大幸。明清两代，坊间流行的是已失朱子原帙之貌的八卷本。即便清代皇家官刻、官抄的武英殿本、四库全书本，也都是八卷本。即便是二十世纪末，想求一个可靠的二十卷本《诗集传》亦不容易。二十年前，鄙人着手撰写朱子诗经学研究博士论文，能用的二十卷本《诗集传》，就只有文学古籍刊行社 1955 年影印本和上海古籍出版社 1980 年排印本，而且只能从图书馆借。直到 2002 年《朱子全书》出版，才有一个相对可靠的二十卷本《诗集传》读本。但《朱子全书》本《诗集传》非单行本，普通读者不易配置。今中华书局版"中国古典文学基本丛书"本《诗集传》得以出版，为读者提供了一个可靠的单行本，真乃泽被学林之事。且其校勘，较《朱子全书》本为详。兹举一例，朱子在《关雎》篇"参差荇菜，左右采之"的"采"字下注"叶此履反"，该本有一条校记："'履'，元本、元十卷本、明正统本、明嘉靖本皆作'礼'。全书共四处皆作'叶此履反'，不再出校。"《朱子全书》本无此校记。但此处出校，是有学术意义的。盖因"参差荇菜，左右采之。窈窕淑女，琴瑟友之"四句，在诗韵（较《广韵》为宽）系统里，"采"字在"上声十贿"部，"友"字在"上声二十五有"部，不押韵。朱子在"采"字下注"叶此履反"，"友"字下注"叶羽已反"，"履""已"皆在诗韵"上声四纸"部，采用这样叶音的读法，"采"、"友"两个字也就押韵了。"礼"在诗韵"上声八荠"部，若将"采"字读作"叶此礼反"，则和"友"字读作"叶羽已反"，不在同一个韵部了（至多只能算宽韵，或理解成押邻韵）。此亦可见元、明诸本对这一叶音的改动，已失朱子原帙之貌。这一叶音的改动，从另一方面也反映了元、明诸本参考的已经不是朱子参考的中古音系。鄙人曾见有学者专门就朱子《仪礼经传通解》一书研究音韵问题，若是就《诗集传》一书研究朱子时代的音系问题，则于版本不可不深究。

该书亦曾收入中华书局"中华国学文库"丛书，"中国古典文学基本丛书"本可视作"中华国学文库"的升级版，很明显的变动有二：一是变"中华国学文库"本简体横排为繁体竖排，二是在卷首增添了《诗传纲领》和《诗序辩说》两部分内容。其中《诗序辩说》部分内容颇有价值，最宜与《诗集传》正文对看，更能凸显朱子与依《序》说诗的汉学诗经学一派在《诗经》具体文本阐释上的差异。

中华书局版"中国古典文学基本丛书"本《诗集传》的点校者赵长征学长与我有同门之谊，知我曾经做过朱子诗经学的专门研究，故在新书付梓之后命我略作评论，我虽学识浅薄、人微言轻，但亦乐于效劳。

盖因《诗集传》过于伟大，二十卷本最是善本，以长征兄之认真，他点
校整理的本子必是目前最好的一个本子。

（《诗集传》，中国古典文学基本丛书，赵长征点校，中华书局 2017 年版，48 元）

（上接第 35 页）

莫氏两书大段或全文抄录了藏书中的大量序跋和题识，据曾贻芬先生统
计，仅《初编》所载元代序跋、题识不见于《全元文》者就有三十余篇。

目前学界对莫氏藏书及题跋内容的研究和利用尚未充分展开，莫
氏积几十年之功力所著两书，其中蕴藏的学术及资料瑰宝仍待发掘，其
所著书五十余种虽佚，而学术线索尚存两书，读者细加抽绎，必有收获。

（《五十万卷楼藏书目录初编》，书目题跋丛刊，全二册，莫伯骥著，曾贻芬整理，
中华书局 2016 年版，120 元）

杂谈莫伯骥书目著作及藏书

薛文辉

近人广东东莞莫伯骥有两部书目著作，一为《五十万卷楼藏书目录初编》，一为《五十万卷楼群书跋文》，后者为前者修订之作。中华书局点校本《初编》已出，得知《跋文》也将随后出版。莫氏毕生著述，所存仅此两编。《初编》前曾贻芬先生的《整理说明》，已全面介绍了该书的价值，笔者不复赘述。因在国家图书馆工作年久，于莫氏藏书著书略知一二，今结合两书，略述莫氏藏书及著录的价值与特点，权作推介之意。

一

莫伯骥（1878～1958），字天一，出身于读书世家，20岁就以案首入县学，后就学于广州光华医学堂，结业后在广州开设了一家"仁寿西药房"。莫氏嗜读书藏书，藏书楼初为"福功书堂"，藏书多为从父亲承继的宋明子书，后因同宗兄弟莫荣新督军广州，助其包办了军需药品，获利丰厚，从而得以大规模购书，此后积三十余年之功，藏书竟达五十余万卷，直逼时人刘承幹嘉业堂之六十万卷，遂改藏书楼为"五十万卷楼"。莫氏依其藏书著《初编》，收书九百余种，于1936年由上海商务印书馆出版，张元济、傅增湘为其题签。1938年日军占领广州，莫氏举家避难香港，其藏书遭劫，"余家五十万卷楼一千三四百箱之书，广州之变全佚，著述手稿五十余种，亦只字无存""善本精装大半灰飞烟散矣"。除随身所携四箱书外，其后又托友人叶恭绰等辗转从市肆回购数十箱原藏书，其余藏书皆散失。抗战胜利后，莫氏继续修订《初编》，著为《跋文》，收书四百余种，于1948年由广州西湖路文光馆刊行，胡适为之题写书名，叶恭绰、容肇祖为之作序。

莫氏得书来源，据自序称，北有京城盛昱意园、临清徐坊归朴堂，南有揭阳丁日昌持静斋、南海孔广陶三十万卷楼、巴陵方功惠碧琳琅馆、江阴缪荃孙艺风堂、长洲蒋凤藻心矩斋、长沙叶德辉观古堂、独山莫棠铜井文房、扬州吴引孙测海楼，以及蒙难最甚的聊城杨氏海源阁，皆为赫赫有声的藏书世家。因逢清末民国乱世，各家藏书迭有散出，莫氏着意搜求，得书颇多，至有故宫中散出之书及《永乐大典》零本，也得入藏。藏书既多，其间不乏宋元秘帙、明清善本及名家精钞精校本，因而时有"上企瞿、杨，无惭丁、陆"之誉。

莫伯骥是清末民初受过新式教育、广泛接触新思想新学术的学人，同时又具旧学功底，蓄书的目的与旧时藏书世家不同，他的趣旨主要是依此读书著述，所交往的大都是谙熟版本校勘的学人，如陈垣、伦明、张元济、傅增湘、叶恭绰、容肇祖等。他的侄子莫培元说，"季夫少即好学，嗜书如饴，守约习劳，不为物役"，因"蓄书既丰，开读弥勤，所获益广"，不仅手自笔记，家人馆童也助其摘录，以备著作资粮。莫氏于四部书无所不读，对海内外新学科新史料也极加关注，《初编》书后附有莫氏著书达五十种，可见其涉猎之广，思想之新，惜著述皆遭劫难，未能刊印传世。反映在所撰的书目题跋中的特点就是通变，融学术与辨证于一体。容肇祖序说莫氏治学有"二似"：一似陈垣，同为案首秀才，同为习西洋医学，同为精通国学；一似余嘉锡，称莫氏所撰书目跋文与其所撰《四库提要辨证》淹博精审约略相似。莫伯骥概括自己的著书宗旨说，目录著作当如晁公武，大者在于明经术维世教，小者亦足沾益后来笺注考订之士（见《自序》），即要"于经籍有所发挥，道器有所疏证"。著述的目的是对吾国固有文化精粹之文史哲艺，用科学方法整理发扬，以立民族之自信，因而自己的著作是以古今新旧并蓄为宗，与某些私家藏书簿录及徒以精椠自翘示富者有别。因著述的出发点不同，反映在著录内容上，则不像旧式书目解题那样简略，而是采摭资料至为赅博。凡著录之书，不仅详细介绍著者、序跋、内容以及版本和流传情况，还大量引征相关文献，并阐述自己的研究所得，所以说莫氏之书不是体例谨严的旧式书目体，而是融书目解题、资料汇集及研究心得为一体的通变之作，这也是此书的鲜明特点。容肇祖先生对此有精辟的概括，在容序中称赞此书有"五述而有三长"，兹录于下。

　　五述者：一曰述人，著书者之小传，书之序跋人有可述者述之，刻书、钞书、藏书，亦必明考其人，连类附及。二曰述事，著书之缘起，以至书林掌故，谈之靚缕，不厌其详。三曰述考，文字、史迹、典故，可资考证者详述之。四曰述学，专门之学，经史、理学、文学等间有阐述，史学如辽、金、蒙古、满洲，以及色目人之汉化，西北之地理、社会生活、风俗、文学、史料等，有裨学者之取益。五曰述文，书之佚篇佚句，新奇隽永之文，以及传奇、志怪，足资谈助者，间亦援引。三长者：一曰博征，以科学之法治旧学，事必举证，语必求因，此一长也。二曰雠校，校传本之误，必求善本，一字之得，冰释理顺，此二长也。三曰明通，说古而不泥于古，理有独得，必求通今，此三长也。

莫氏这种不袭目录解题的旧例而引征赅博的著录方式，不仅对目录版本、古籍校勘有参考价值，其著录的文献资料和考辨对学术研究也多有帮助。

二

兹举数例跋文，以见其著录特点及学术价值。

《职官分纪》 世间仅存钞本，四库本所据为苏州蒋重光所藏钞本，入类书类。《四库总目》记作者孙逢吉"字彦同，富春人。事迹具《宋史》本传。前有元祐七年秦观序"。并考孙逢吉举宋隆兴元年进士，到知太平州时距元祐七年则一百几十年矣，则断元祐时秦观为之作序为谬误也。莫氏首举《四库总目》著录之误。引陆心源《仪顾堂题跋》考宋时孙逢吉有三，杭州孙逢吉正是著此书者，《浙江通史》有传。又引陆文言此书所采《五代史·职官志》，为薛《史》旧文。邵二云辑薛《史》时，仅校内职一条，其余尚未详校，其采宋代事迹，颇有出《宋史》外者，亦考《宋史》者所当知。再述赵开美、焦竑、李文田、钱大昕、陆心源等钞本的钞校订补情况。有关此书作者、价值及钞校源流一目了然。在介绍自己收藏的陈妙士、张石州、何子贞旧藏钞本后，即加学术考述，言此书引用书凡三百二十种，多已佚者，足可补史之缺。于是"手校斯编，惜藏者颇龂，无从借勘，而史传及唐宋各朝著作可为分纪援据者正多，是以伯骥草创《官史》一书，取材于彦同遗作者实繁，千金頜珠，往往探得"。莫氏著作书目中还记有《职官分纪校证》一书，足见读书有得。

此清钞本现藏国家图书馆,为陈诗庭、张穆、何绍基先后收藏,有"东莞莫氏五十万卷楼劫后珠还之"印记。

《清波杂志》 莫氏所藏为知不足斋写校本。《四库总目》著录为"《清波杂志》十二卷,《别志》三卷,内府藏本。宋周辉撰。辉字昭礼,邦彦之子"。对四库馆臣的著录,莫氏直斥其误。

> 清《四库提要》谓其书多记两宋间君臣旧事,并家世旧闻及一人涉历,而杂说琐闻亦参错其间。辉曾祖与王介甫为亲故,书中颇回护荆文。然于当时之贤士大夫亦不至诋斥讥评,犹存三代之直道。说者谓可补史事遗缺。伯骥按:馆臣之言实本于方回,而不详其所自。盖回诋辉所著《清波杂志》推尊介甫之非,故馆臣述之于《提要》中。然今观二志不满介甫之处正多,不尽如回所言,正不得援引王明清《挥麈录》多为曾布解免相比。回之言固误,而馆臣读不终编,遂随意掇拾,亦可谓疏舛之尤矣。

清夏荃、李慈铭及近人余嘉锡有辨正周邦彦为"周邦"之误,而四库馆臣之说不实,莫伯骥的考辨最为直接有力,为学者称道。

《玉台新咏》 莫氏藏本为明崇祯六年寒山赵灵均小宛堂仿宋刻本,系明末清初人季振宜旧藏。此种刻本为历来学者和藏家推重,视为存世最佳之本。莫氏举多例证今本《文选》的误字,可赖是书订正。又据当时学人依敦煌新发现《玉台新咏》残卷所校今本误字,再取仿宋本与今本与对校,则仿宋本为胜。又举今本妄改宋本旧例,将作者诗作下的篇数及小注皆削去,幸赖此本存之。莫氏指此本乃宋本嫡传,述宋本与翻宋本源流及刻书者甚详,可为治《玉台新咏》者一助。

上述跋文数条,举凡作者事迹、版本源流、史料价值及个人研究心得，读者均可得其大概，也可作相关专题研究者的入门密径。

三

下面简略介绍莫氏的镇楼之宝两种唐人文集及国家图书馆所藏的几种珍本。

《孙可之集》 原海源阁所藏宋本，为海内孤本。据傅增湘说，杨氏旧籍散出时，此书有书贾索值两千五百元。周叔弢在《楹书隅录》此书跋识上批注此书"精美"，"议价未谐，由王子霖售于莫氏"。莫氏高价购得此书后，视作巨擘，作几千言跋文述宋本源流，取存世各本孙集对校，力证此本之精远在各本之上，并将黄丕烈、顾广圻墨笔题语附录于后，称"此集字画界于欧、颜之间，骨肉停匀，调节环燕，雕镂精美，扣之有棱，选楮用墨，咸臻佳妙，与在杭之言适相符契，且朱字粲烂，新若未触。荛圃、涧蘋既评鹭于前，四经四史斋复收藏于后，历年六七百，时直二三千"。此本现藏国家图书馆，为馆藏之宝。

《李文公集》 莫氏著录为宋本，奉为镇楼之宝的两部唐人文集之一。这个本子实为明成化间的初刻本，且选经名家收藏，是为善本秘帙。莫氏得此本后喜爱太过，著长文考证定为宋刻，后又得叶德辉《郋园读书志》所记"宋本"佐证，益加宝爱，视为镇库之宝。叶德辉侄叶启勋在《拾经楼紬书志》已辨叶德辉所藏本为明本甚详，原成化初刻本首有成化乙未玉融何宜序，后有景祐三年欧阳修跋，景泰乙亥河东邢让识，叶德辉因所藏本前后序跋皆佚而致其误判。莫氏藏本序跋亦佚，又得叶德辉说为佐证，遂致版本鉴定错误。成化本是现存最早的刻本，现国家图书馆藏有两部，与莫氏所述行款可互为印证。因学者多据其说信为宋本，故在此略加说明。莫氏藏本现不明流落何处，今不知尚存天壤否。

《权载之文集》 此本为海源阁旧物，为孙星衍藏旧钞本，且经其朱笔详加勘正，并增《摭遗》一卷《附录》一卷。此本收辑齐备，洵为至宝，为世间仅有之秘笈。此本现藏国家图书馆。

《增修诗学集成押韵渊海》 元严毅著。此书为天禄琳琅旧藏元刊本，前后有天禄琳琅各章，为纳兰揆叙谦牧堂遗籍。莫氏记"《琳琅目》列谦牧书极多，以谦牧书多由徐氏传是楼来，故重视之欤"。此书经莫家散出后，解放初期为广东书店收购，再由北京图书馆购藏。

《古歌谣残稿》 此书为明天一阁主人范钦据前代旧籍辑录的古歌谣，卷帙齐整，为传世孤善稿本。书中钤有"东莞莫氏五十万卷楼劫后珠还之一"、"东莞莫伯骥所藏经籍印"等印。此稿本鲜为人知，莫氏两书也未加著录，因感古歌谣对民俗文化研究及辑佚校勘具有重要价值，特录于此，以见莫氏藏书精华不尽两书所记。此书影印本已由中华书局出版。

莫氏收书丰富，宋元秘帙因藏书流传有序价值自不待言，所收藏的卷子本、敦煌本、海外善本、明清珍本、名钞名校本，都很有价值。现在国家图书馆所藏莫氏藏书是由莫氏之子莫培樾先生襄助得以归藏的。前澳门中华总商会会长、全国政协副主席马万祺回忆说："60年代初，中国北京图书馆获知在日寇侵入广东时，莫天一先生有10万卷珍贵的藏书被带走，辗转流到澳门，于是就托我、何贤了解此事，并有意收回藏书。""当时，莫天一之子莫培樾医生与我、柯麟、吴鸣医生等友善。于是我们就托吴鸣医生给莫培樾做思想工作，劝他要为莫先生的藏书这一重要的文化遗产着想，把它们好好保存下来，千万不要流出国外。经过耐心说服，莫培樾最终以港币30万元，把3000本藏书卖给国家图书馆。此事进行得非常秘密，当时只有我、何贤、柯平几位知悉内情。其时北京派来三人，一位是北京图书馆馆长，一位是历史教授，另一位是现当代的文史专家、岭南女诗人冼玉清教授。"据查，国家图书馆藏莫氏藏书不少于百种，因系莫氏自珍之书，善本尤多，其他流散之书，多为香港、台湾、广东各藏书机构购藏。据省立中山图书馆罗焕好先生统计，仅该馆就藏有莫伯骥旧藏六十六种之多，其中十五种为孤本。

四

笔者粗读莫氏《初编》与《跋文》，稍有心得，简述所见，以期对读者有所启发和帮助。

《跋文》为莫氏晚年的倾力之作，收书少了《初编》一半有余，字数却大致相当。"稍有取自旧者，但每篇删补增订频繁，抑新撰者更不尠也"。学界多认为《跋文》不取之书为底本散失，实不尽然。笔者检《初编》所列宋本有三十一种，而《跋文》仅列二十一种。《初编》明显误判版本者如记"《稽古录》二十卷，宋刊本"，有记刻工"范正祥写"。按这个本子实为明天一阁刻本，"范正祥"为天一阁写工。再检其他《跋文》未收而标注为"宋本"的各书，其中多部版本著录有误，这些篇目的删削或与莫氏自觉版本鉴定不够准确有关。笔者计划日后对两书著录的重要古籍的版本再详加查考，此不赘言。

《跋文》的特点是考辨更为精当，并在正文中增加了大量夹注与按语。《初编》虽不及跋文精详，但收书多出跋文一半有余，多出之书的所摘录考述的资料价值同样有助学术。清以来书目题跋著作多原文迻录大量的古籍序跋、题识，尤为学者重视，对辑佚和校勘古籍极具价值。

（下转第27页）

着眼本体 取精用宏
——评《中国古代戏曲理论史通论》

蒋宸

戏曲作为一门综合艺术，是在漫长的历史进程中融合各类伎艺而成。它的发展、成熟，是在连续演进、变化中不断调整、适时运作的复杂、开放的动态过程。古代戏曲在剧本创作与演出实践的发展过程中，积累了相当丰厚的戏曲理论，独具特色，自成一格，在中国古代文学理论与艺术理论领域有着十分重要的地位。因此，系统地总结和梳理古代戏曲理论，探寻古代戏曲理论的发展轨迹，并作出合乎实际的学术判断，对于促进古代戏曲研究的发展具有重要意义。

近期，俞为民、孙蓉蓉两位教授继编著大型戏曲理论资料丛编《历代曲话汇编》（全十五卷，黄山书社，2006～2009年，荣获第三届中国出版政府奖图书奖）后，又合力推出了积年而成的最新大著《中国古代戏曲理论史通论》（全二册，中华书局，2016年，以下简称《通论》）。该书为2015年度"国家哲学社会科学成果文库"系列著作之一，洋洋百馀万言，全书以史为经，研究时限上溯先秦，下迄民国，以宏观研究与个案研究相结合，兼具理论广度与深度，着重对古代戏曲理论的各方面予以空间、立体、多方位的观照。通过对古代戏曲理论发展流变过程的动态考察，寻绎出古代戏曲理论逻辑演进的规律，以及不同时期、不同曲论家之间的内在联系。在填补古代戏曲理论史研究空白、廓清积溷等不少方面独具见解，代表了当下古代戏曲理论史研究的最新成就。

总体说来，该书特色主要表现在以下四端：

一是博观约取，视阈宏阔。戏曲在古代虽被视为"小道"、"俗乐"，但是由于元明清三代，尤其是明清两代大量文人的参与，一直被不断地雅化。其理论形态，也由于大量文人的参与而呈现出多种类型，"除规模较大、自成体系的理论专著外，还有评点、序跋、尺牍、诗词曲等"（P1）。目下专门研究戏曲理论的专著，大多只集中着眼于作为主体形态的理论专著，或是较多为研究者所关注的部分作品，如胡祗遹《优伶赵文益诗序》、《黄氏诗卷序》、汤显祖《宜黄县戏神清源师庙记》等，文献资料不够完备，较难勾勒出古代戏曲理论的全貌。《通论》著者俞、孙二位教授，自上世纪80年代即已致力于戏曲理论文献的蒐辑整理工作，积二十年之功推出了大型戏曲资料汇编《历代曲话汇编》十五卷（以下简称《汇编》），此次又推出《通论》一书，可视为在《汇编》基础上理论阐说的姊妹篇。著者以丰厚的文献积淀为基础，举凡与古代戏曲理论相关的尺牍、序跋、笔札、评点以及题咏等，在著作中无不涉及，且博观约取，精心安置，使得该书的理论阐说在大量不同类型的文献支撑下显得更为厚重、可信。如在论汤显祖戏曲理论的相关章节（第六章第二节）中，著者于闹中取静、冷中取热，不仅引用了研究者常用的文献如《寄达观》《牡丹亭题词》《与宜伶罗章二》等进行阐说，同时还大量采用较少为研究者所关注的资料如《沈氏弋说序》《睡庵文集序》《序丘毛伯稿》《王生借山斋诗帙序》《玉茗堂评花间集》等，从写情、发愤、音律、表演诸方面全方位地阐论了汤显祖的戏曲理论与戏曲观，较之当下不少研究著作概述式的阐说，自是更见深刻。再如该书第七章，在关于晚明戏曲理论的阐说中，举凡曲谱、曲选、专书、日记、笔札、评点、题词、序跋等，著者均根据年代先后及重要程度予以收录、引用，从一个更为宏阔的视角向读者展示了晚明戏曲理论深入发展的整体面貌。

二是立足文献，分析精审。《通论》一书的理论阐说、总结建立在大量文献资料的基础上，然而著者并未满足于文献资料的简单罗列，而是在占有大量资料的前提下进行细致的分析、辨订，其中颇多内容，其对引用文献的分析阐说已达到细致入微的境地。同时，由书中论述可见，著者坚持论从史出，所阐发、总结的戏曲理论，均立足于古代戏曲论家的相关论著。如论吕天成的品曲标准一节，著者依据《曲品》序文，将其标准概括为"分清妍媸""全面衡量""重视古今剧作对比"三则，每则均依据《曲品》所言，详加分析（P478～480），令人读后豁然明了。又如论述李渔的戏曲理论（第八章第二节），自"戏曲结构论"至"李渔戏曲理论的美学特征"，所论均由笠翁《闲情偶寄》导出，在《闲情偶寄》论说的基础上，加以分析、提炼、编次，使得本来不够整齐的李渔戏曲理论以一种完备、整饬的面貌呈现在读者眼前，令读者得以迅速把握其理论精髓。

三是重视本体，别具只眼。《通论》的另一特色在于尤其重视有关戏曲本体的理论研究。著者认为：在古代戏曲的众多艺术因素中，"'曲'是一种占主导地位的艺术，因此，历代曲论家们对'曲'的探讨与论述尤为重视"（P5）。在古代戏曲理论的发展过程中，随着曲论家们对戏曲本体的认识不断深入，诸家曲论、曲谱中有关戏曲音律、语言、歌唱等方面的理论探讨也得以不断加深，自成体系，成为古代戏曲理论中最主要的组成部分之一。然而由于戏曲声律的研究颇为艰深，当下有关古代戏曲理论、戏曲史的研究著作，虽对戏曲声律等理论有所关注，但相

关的研究还不够深入，不能不说是一个缺憾。《通论》著者俞为民教授
是国内研究曲律的名家，在戏曲声律、曲体等方面的研究卓有建树，因
而在《通论》一书中别具只眼，针对多为研究界所忽视的戏曲本体理论，
特别是曲律、曲体等方面的理论，深加阐发，且多有发明，为诸家研究
论著所不及，这也成为本书最大的亮点之一。《通论》中有关戏曲本体
理论的研究，俞先生既忠实于古代曲论家相关的理论论述，又在古人论
述的基础上有所发明，将自己多年研究的心得融汇其中，将古人所言晦
涩未明之处一一点通，令人读之豁然开朗。如王骥德关于四上声字声特
征与腔格的论述，只有"上声促而未舒"、"遇上声须低唱"、"上有顿音"
等寥寥数语，乍读之茫然不知所谓，而俞先生对其加以阐发，指出"'上
声促而未舒'，是指上声字所具有的'顿腔'而言，上声字在首音高出后，
即下降一音，此低声须作低唱，并略作停顿，有吞咽之意，在曲唱中称
为'顿腔'，又称'嚯腔'，故谓'促而未舒'"（P435），这就将上声字
的字声腔格特征解释得详尽通透，便于理解。在曲谱研究方面，俞先生
不仅总结了各家曲谱的特征与理论创见，同时还能在多年研究的基础上
慧眼识断，指出其中所存在的一些问题。如在有关《九宫大成》的论述中，
既总结了该书的三大特征及其所设立的曲调格律、集曲组合的方法与规
则等曲律问题探讨，同时也指出了该书所存在的"曲调体式广而不精"、
"宫调名称混乱"等问题（P805～818），为研究者全面认识《九宫大成》
并在日后的研究中去粗取精提供了很好的认识途径和方法。

　　四是动态考察，知人论世。如同戏曲艺术的发展、成熟过程一样，
古代戏曲理论也是一个在连续演进、变化中随认识的深入及曲论家本人
生活阅历影响而不断调整的动态过程。因此，俞、孙二位教授在《通论》
一书的著述中，注重"用动态的视角来审视和考察古代戏曲理论的产生
与发展"（P2）。在宏观的章节设置方面，《通论》并不简单地采用"通史型"

的叙述模式，以朝代顺序作粗略划分，而是遵循古代戏曲理论发展的内在规律，依循中国古代戏曲理论的萌芽、雏形、成熟、发展、繁荣、深入、集成及重心转移的顺序逐次展开。既沿着时代演进的次序推进，又不完全依照政治王朝的断代划分。如第四章《中国古代戏曲理论的成熟》，并没有依照元明断代作简单切割，而是根据曲论的内部特征，由元代直划分到明初教化派的戏曲观，将这一时期戏曲理论逐渐成熟的形态作为一个整体进行观照，可谓慧眼独具，深中肯綮。在具体的每一时期重点论著的研究方面，著者不止停留于对某一时期重点论著的静态陈述、总结，而是将曲论家的生平、交游、时代环境等动态因素引入，将戏曲论著置于一个空间、立体、多方位的环境中进行研究，由知人论世的角度对每一戏曲理论生成的内外部因素作全面、动态的考察，有助于廓清历史积淀，还原诸家曲论的本来面目。如《通论》第四章第六节，论胡祗遹的戏曲理论，并不简单只针对胡氏的"九美说"作总结探讨，而是先考察胡祗遹的生平及其与杂剧艺人的交往，指出"胡祗遹一生的成就主要在理学研究和诗文创作上"（P167），同时又与杂剧演员有着诸多层面的交往，因而他的戏曲观首先是理学家所关注的"杂剧所具有的社会功能"——强调"乐音与政通"（P168），其杂剧本体论及作为戏曲表演伎艺理论的"九美说"的提出，其根本旨归，都是基于理学家认识层面的"增强舞台效果"以"突出杂剧的教化作用"（P174）。这些论述，从前人少有关注的视角着眼，从思想史层面为读者揭示了胡氏戏曲理论的结穴所在。再如第八章第七节，论毛纶、毛宗岗父子的《琵琶记》批评，从毛纶评点《琵琶记》的缘起入手，由他的生平遭际、寄托及受金圣叹批点《西厢记》的影响诸方面深入考察，指出毛声山在立意上系将《琵琶记》"当作'劝人为义'的儒家经典来读"（P846），提出了"毛声山对《琵琶记》的评点，既受金圣叹评点《西厢记》的影响，但又不满金圣叹的《西厢记》

评点, 欲借对《琵琶记》的评点, 来纠正金圣叹的失误"这一观点 (P839), 从动态的视角解读曲论家的心路历程, 立论中肯, 令人信服。

此外, 俞、孙二位教授还注意到儒学"礼乐"观念及宋明理学思想对古代戏曲理论的牵引与导向作用。在第二章"中国古代戏曲理论的萌芽"部分, 不仅介绍了先秦礼乐与两汉百戏等内容, 还着重讨论了《毛诗序》等儒学经典对后世戏曲理论的远代规范作用, 指出"后世戏曲家们提出的以曲载道、以曲风世的主张, 便是直接源于《毛诗序》提出的讽喻教化说"(P35), 直溯本源。对于清代盛极一时的考据学风, 二位教授也注意到它对清代戏曲乐律论及曲史观所产生的影响, 在部分章节的论述中予以了关注。凡此, 皆体现了该书著者视阈宽广、别具心目的学术精神。

(《中国古代戏曲理论史通论》, 国家哲学社会科学成果文库, 全二册, 俞为民等著, 中华书局 2016 年版, 299 元)

通晓三百年唐史的捷径

——《唐史通俗演义》读后

罗明钢

19 世纪末 20 世纪初，已沦为半殖民半封建社会的中国，掀起了一场救国图存的革命思潮。作为中国近现代知识分子的代表人物之一，蔡东藩一生几乎都生活于中国历史上最动荡最惨烈的时期。国家的危亡、社会的紊乱、生活的艰难，坚定了这位纯粹的知识分子的救国之路。从最初的"清官救国"，到"教育救国"，再到"小说救国"、"演义救国"，蔡东藩虽未能引领时代的风潮，却一直以一位底层知识分子的担当坚定地走在以历史演义救国的道路上。从 1916 年写成的《清史通俗演义》到 1926 年完成的《后汉通俗演义》，11 部历史通俗演义著作，让其成为"中国近现代历史小说史上'正史演义'创作的集大成者"。这煌煌 600 余万字，也见证了蔡东藩演义救国的奔走历程。而写就于 1922 年的《唐史通俗演义》，是蔡东藩演义系列小说中的代表之一，是作者有感于唐之正史难读，野史小说荒诞无稽而作的。

与蔡东藩其他历史演义作品一样，《唐史通俗演义》注重叙事讲史，很少着意于塑造贯穿始终的人物形象，因而，其"演义"系列作品，与"七分史实,三分虚构"的《三国志演义》等历史"演义"小说有一定的区别。如蔡东藩《唐史通俗演义》自序所言,《唐史通俗演义》"就唐事以为演述,共成百回,以正史为经,务求确凿,以轶闻为纬,不尚虚诬",从而成就了本书"文不尚虚,语惟从俗"的艺术特色。

宋人吴缜说:"夫为史之要有三:一曰事实,二曰褒贬,三曰文采。有是事而如是书,斯谓事实;因事实而寓惩劝,斯谓褒贬;事实、褒贬既得矣,必资文采以行之,夫然后成史。"章学诚《文史通义·史德》亦说:"史所贵者义也,而所具者事也,所凭者文也。"故而,评述一部以"就唐事以为演述"的《唐史通俗演义》,不得不从其"事""文""义""技"四个方面的独特个性说起。

事——避虚就实

"避虚就实",简单地说就是摒弃想象而无根据的事,只叙述有确凿的历史记载事件。蔡东藩在《唐史通俗演义》第一回就痛斥了散坐瓜棚豆架旁笑谈大唐遗事者,"什么晋阳宫,什么凤凰山,什么摩天岭,什么薛仁贵征东,什么罗通扫北,什么巴骆和,什么宏碧缘,最出奇动人的,是盖苏文兴妖作怪,樊梨花倒海移山,唐三藏八十一难,孙悟空七十二变……甚且把神功妖法、子虚乌有等话,信为真有,看似与国无害,与家无损,哪知恰有绝大关系"。历史是严肃的,容不得荒诞的虚构,在他看来,一切虚假之事的传播,只会让普通大众变得愚昧、迷信。饱读经史的蔡东藩,创作演义小说的目的就是要还原历史真相,让普通读者也能从历史的镜子中发现家国与社会发展的一般规律。

为区别于"多借唐事影射"的"谈仙说怪诸书",蔡东藩的《唐史通俗演义》一直以"无一事无来历"的严苛标准选材用事,"以不使观者往往为所惑乱"。在《唐史通俗演义》中，蔡东藩直接摒弃了玄奘除妖斩魔、杨贵妃死后与唐明皇重逢等荒诞传说，而对于张说所著的《虬髯客传》（一说为裴铏或杜光庭所著），他在第四回回末却作了大篇幅的批注，以阐明自我对史实的认识和选材的标准。他说："红拂夜奔，虬髯让室，事见张说所著《虬髯客传》，而正史不录，论者以为近诬。窃谓张说仕唐，距李靖不过数年，说以能文著名，讵屑以荒唐不经之语，留贻后世。且后世若以说为虚谈，亦将置诸敝麓，何至流传至今，播为艳闻？是可知红拂虬髯，必有其人。曾见《隋唐演义》中，演述是事，且全载二人姓名。红拂妓名出尘，虬髯客名仲坚，而说传无之。张说犹未知其名，宁编《隋唐演义》者，顾独能知之乎？故本编详姓略名，存说传之真也。"无论虬髯客与红拂之事是否属实，蔡东藩的批注无疑是其避虚就实的选材用事态度的集中体现。

《唐史通俗演义》叙事的避虚就实，没有顺从当时的市场所需，反对"增人智识则不足，乱人心术且有余"的无稽之事，而是站在救国图存的思想高度撰叙小说，俨然是蔡东藩开民智、启民心的担当写照。

文——通俗浅白

在历史小说中，"演义"是对"正史"的通俗化写法，因而，"演义"之文，常常忌雅求俗。所谓"忌雅求俗"，既指写作题材和用语的通俗性特征，也指读者对象的大众化。作为一部旨在向国人普及历史的著作，《唐史通俗演义》避虚就实的原则和少雅通俗风格倾向，使其史笔的韵味远远胜于文笔。一般来说，史笔贵直，避虚就实，多客观性、陈述性用语；文笔贵曲，强调感性思维和想象，着意而富于感染力。因此，从写法上说，本书曲少而直多，表现出通俗而浅白的文风。

如本书第一回，为使读者方便理解作者的思想主线，直接引用了坊间流行的"汉经学，晋清谈，唐乌龟，宋鼻涕，清邋遢"之语，并对"唐乌龟"一语展开了生动活泼而通俗易懂的解释，颇具市井生活趣味。而说书人的口吻和用语，将严肃而遥远的历史变为活泼而贴近普通读者的生活，其情景性的营造，让本书文辞更显通俗、浅近、直白。书中，蔡东藩常以"小子"自谓，又常有"倒栽葱""无赖"等俚俗之语，使得本书语言尤显生动活脱。如所谓"甚至大家夫妇，委身过贼，好一座锦绣江山，竟被那砀山无赖朱阿三，轻轻移夺了去，说将起来，煞是可怜"。想来，"江山"如何被无赖"轻轻移夺了去"？轻巧活脱的生活用语和夸张的修辞手法，使得枯燥严肃的历史有了极强的可读性。

尽管"以正史为经，务求确凿，以轶闻为纬，不尚虚诬"的原则使得《唐史通俗演义》文白语俗，但在叙述之时，蔡东藩也不忘使用"曲笔"以增加历史演义的可读性。如在第二回回末作者即点评说："李渊发兵，非出本心，世民请之，裴寂劫之，强而后应，经作者依史叙述，叠用曲笔，写当时情事，益觉波澜层出，趣味横生。……盖小说之足动人目，全赖用笔曲折，不涉芜衍，否则依事补叙，味同嚼蜡，亦何若返观正史之为得乎？若文笔不足醒目，反凭虚臆造，假为勇力乱神之说以惑世，是尤为荒谬无稽，有乖正义，明眼人固不值一盼也。"

义——删繁就简

既名为"演义"，就需要借助历史事实来推演、阐释义理。《唐史通俗演义》亦不例外。在本书中，作者本着"即古证今，惩恶扬善""演述故乘，期为通俗教育之助"的理想，欲借历史事件来鉴世人，以期让普通读者能够在读史中明了救亡图存的道理。由于普通大众知识结构和社会认知的局限，蔡东藩必须将纷繁复杂的社会历史演变用一种通俗浅白的语言来叙述，并从中抽绎出简单义理规律。

唐朝近三百年的历史发展，如何用简单的一两句将社会的方方面面囊括其中，这是历史演义家需要解决的首要问题。在《唐史通俗演义》中，蔡东藩开宗明义地以"乌龟"一词来形容一十四世唐祚，二百九十年唐史。这就形象生动地将唐朝繁杂的人事关系、时局变化勾勒了出来，使读者对唐朝近三百年历史形成了一个初步的认知。在此基础之上，蔡东藩继续深挖，提出唐朝演义的三段立论。他认为，女祸、阉祸、藩镇祸在唐朝历史上依次产出，终至灭亡，并说："若从根本上解决起来，实自宫闱淫乱，造成种种的恶果。"

毋庸置疑，蔡东藩对唐朝近三百年的论调，有其可采之处，但亦有不少局限性。然从普通大众知晓历史演变的角度来说，蔡东藩将历史演义之义理用寥寥数语概括出来的做法，却是一个有效的尝试。他用道德因果律来演绎历史事变，用尽可能多的史实来编织成通俗演义文本的故事情节，以深刻揭示历史事变的内在本质。此举既发挥了演义作品之所长，也赋予了演义作品新的内涵，这与其演义救国的思想有着莫大的关联。

整部《唐史通俗演义》，从隋末群雄并起写起，至朱温篡唐而终，将李唐王朝二百九十年的兴衰存亡之理一一演绎。如第十九回所蕴含的纲常之义，蔡东藩认为："三纲五常，为治平之大要，纲常不正，则内乱必生，乌乎治国？乌乎平天下？"第五十五回详细铺叙张巡、许远殉义的忠义精神，作者回末点评说："张巡许远，为唐室一代忠臣，不得不详叙事实，为后世之为人臣者劝。"第五十七回着重演述修身治国的关系，其认为"身修而后家齐，家齐而后国治，国治而后天下平，此实千古不易之论"。类似的道理，蔡东藩在叙述中皆从"乌龟"中推衍而出，并在女祸、阉祸、藩镇祸中逐一深入细化，形成一个金字塔形的演述治国义理的文本结构。

技——独运匠心

在演述历史故事时，蔡东藩往往独运匠心，在枯燥的史实和荒诞的小说之间寻找到一种叙事的平衡，通过不同的叙事方式来实现其欲传达的意义。《唐史通俗演义》的整体结构，是蔡东藩匠心写作的一个表现。本书先开宗明义，给读者定下一个整体的认识，而后一一铺叙说来。如第一回以"唐乌龟"之论括述唐朝近三百年的历史，以"女祸""阉祸""藩镇祸"为唐史演义的三个阶段特征来依次论述，这就给读者提供了把握和认知唐朝近三百年历史的主要框架。

在明确《唐史通俗演义》的书写基本框架后，蔡东藩将叙事技巧用在细节的表现上，从而使得《唐史通俗演义》血肉饱满，逻辑谨严。蔡东藩的叙事善于做足悬念，如晋阳令刘文静为李世民出计，用"附耳密谈"而不点破"计"的内容。当李世民找到宫监裴寂，欲求裴寂帮助自己时，刘文静之"计"仍然未破。在此之时，必然要对"计"之来由与实施作一番介绍，由此又牵连到他人他事的叙述。当各人各事表述妥帖清晰后，读者对"计"之真正内容的疑问正好悬于本回末尾，直接引导读者往后一回读去。如此叙述，在紧凑并推动情节发展和观众心理的期待上，都是恰到好处的。尽管头绪繁杂，然行文却能始终做到以事带人，对表现重要人物的性格特征起着尤为重要的作用。这种以事带人的叙事方式，用重要人物串联历史事件的发展主线，并不忘以周围人物辅助、衬托中心人物从而起到推进事件发展的作用。如写李世民之英雄卓略，先由时局动荡、草头王和群盗蜂拥而起为背景，引出刘文静和裴寂对时态的分析和忧虑，进而由刘文静道出李世民。

蔡东藩叙事的详略布置，皆依情节的发展和人物的塑造需要来删繁就简或化简为详，以"免致阅者眩目"。如第三回中，正当李渊因连下数日的大雨而焦烦之时，"忽由军校呈入檄文"，一下子陡增李渊的焦烦、读者的好奇。在本书中，檄文内容仅简要地写了"文中首二句"和后文数句，正文大篇幅的内容则以"历数炀帝十罪"概括。这就将小说叙事与历史叙事区分开来，少了史实的"芜衍"，使得主线清晰，节奏紧凑。这一轻檄文内容、重李渊李世民行为表现的叙述，在情节的推动上，李密所书的这道檄文，使得"焦烦"不已的李渊"愈觉放心"，这就坚定了李渊夺取天下的志向和信心，为李氏王朝的新创起到预示和推动作用；在人物的塑造上，由檄文引出李氏父子决计谋略和胆识魄力的叙述，反映出李氏父子起兵为人心所向，侧面烘托出这一时势所造的李氏父子的英雄形象。

历史事件本就头绪纷繁，尤其是风云变化的改朝易代之际，因此，历史演义小说如何叙述好时势时局，是作者最为棘手的问题。蔡东藩此书在对时势时局的叙述中，不但思路清、条目明，颇有小说意味，而且其在叙事中将矛盾聚集起来而形成一波三折的叙事之法，增加了情节的紧迫性。如，当李渊为连日大雨而焦烦时，"忽由军校呈入(李密)檄文"，此事刚议定，又"不意探骑突来急报"，作者有意将各类事件聚集起来，考验着李氏父子二人时势英雄的胆识谋略。

唐太宗李世民所说："以铜为镜，可正衣冠；以古为镜，可见兴替；以人为镜，可知得失。"在众多史书中，这部以演义救国之心写就的《唐史通俗演义》，无疑是了解唐朝近三百年兴亡成败史最便捷最有效的途径之一。本书除在"事""文""义""技"上颇有创获外，中华书局新版本还保留了蔡东藩的全部注释、夹批和后评，并用不同颜色、不同字体字号加以区别，还针对部分少见的偏字僻字作了注音，方便了读者的阅读。同时，为保存原版风貌，新版《唐史通俗演义》还收录了石印线装本中的全部人物绣像和插图，图文并茂，读来颇为赏心悦目。

（《唐史通俗演义》，蔡东藩历朝通俗演义第五部，全二册，蔡东藩著，中华书局 2015 年版，58 元）

"蔡东藩历朝通俗演义" 目录

（蔡东藩著，中华书局 2015 年版，全套定价 598 元）

书　名	定　价
《前汉通俗演义》（全二册）	56 元
《后汉通俗演义（附三国）》（全二册）	58 元
《两晋通俗演义》（全二册）	58 元
《南北史通俗演义》（全二册）	58 元
《唐史通俗演义》（全二册）	58 元
《五代史通俗演义》	28 元
《宋史通俗演义》（全二册）	56 元
《元史通俗演义》	28 元
《明史通俗演义》（全二册）	56 元
《清史通俗演义》（全二册）	56 元
《民国通俗演义》（全三册）	86 元

（霍烨）

英国收藏的西夏译《论语全解》残片

聂鸿音

英国国家图书馆收藏的西夏文献为斯坦因 1914 年于黑水城附近所获，其中大多是佛教著作的译本，在中原广为流行的儒家经典著作极为罕见，此前知道的只有一件西夏文的《孝经玄宗注》[①]。本文介绍最新辨识出的一张纸片,这张纸片出自北宋陈祥道《论语全解》的西夏译本，虽然上面保留下来的文字很少，但可以为英藏西夏文献补充一个新的种类，所以同样值得珍视。

英国国家图书馆藏 Or.12380-385 号残片

---

① 英国国家图书馆、西北第二民族学院、上海古籍出版社编《英藏黑水城文献》5，上海：上海古籍出版社，2010，页 180～186。

这张纸片在英国国家图书馆编号 Or.12380-385，为蝴蝶装刻本的右半叶下部，残高 5.5 厘米，宽 17.5 厘米，白口，左右双栏，八行，每行残存两字。原件图版于 2005 年在上海刊布，当时拟题为"同音"①。不难想到，拟题的这两个字肯定是从其他图题舛入的，绝非刊布者本意，因为《同音》是一部西夏文的字典②，其版面形式类似《龙龛手镜》，与这个残片截然不同，任何人都能一望而知。数年之后，史金波提出应将图题改定为"孟子"，但是没能说明相当于《孟子》的哪一章③，显然是仅凭西夏文"孟子"两个残字做出的轻率判断。鉴于原件缺字过多，故入藏百年来一直未获正确鉴定，学者出现以上失误自然情有可原。今据照片显示，残片上遗留的完整文字只有 13 个，另有五个字可以在残存笔画的基础上拟补，放在下面录文的方括号内：

　　……[𗦎]𗢨𗀭/……𗏁/……[𗴝]𗣼𘃡/……[𗪙]𗏉𘜶/……[𗾔]𗢨𗏉/……[𗼼]𘃡𗣼/……/……𗥃𘃡/

这些字可以用汉字对译如下：

　　……子曰事/……也/……将孟子/……者政谓/……誉而政/……则吾闻/……/……言是

这段内容来自陈祥道《论语全解》卷七的《子路第十三》，相当于

---

①　英国国家图书馆、西北第二民族学院、上海古籍出版社编《英藏黑水城文献》1，上海：上海古籍出版社，2005，页 150。

②　参看李范文《同音研究》，银川：宁夏人民出版社，1986，页 658～765。

③　史金波《〈英藏黑水城文献〉定名刍议及补正》，载杜建录主编《西夏学》5，上海：上海古籍出版社，2010。

从"冉子退朝"章至"定公问"章的开头。下面的汉文原文据文渊阁《四库全书》本，与西夏文对应的字用下划线表示：

冉子退朝。子曰:何晏也? 对曰:有政。子曰:其事也, 如有政, 虽不吾以, 吾其与闻之。

《礼》曰:政行则事治。又曰:不可以私不将公事。《孟子》曰:发于其政,害于其事。盖行于上者谓之政,通于下者谓之事。孔子至于是邦, 未尝不以誉命, 而与闻其政, 故曰 :其事也, 如有政, 吾其与闻之。

定公问 :"一言而可以兴邦, 有诸?" 孔子对曰 :言不可以若是其几也……

残片中的西夏字都可以与《论语全解》对应，其中出现次序参差是由于两种语言的语法不同。以当前的西夏语文研究水平，我们还无力复原全部残缺的文字，但考虑到西夏语和汉语语法最显著的差别在于动词词组的语序[1]，即西夏语的动词一般位于相关的宾语之后，则以上字序均可理解，如"政谓"必是"谓政"，"誉"上必是"命"字，"而政"下必是"与闻"，"是"下必是"若"字。

《论语全解》十卷，作者陈祥道（1042～1093）字用之，简略事迹附在《宋史》卷四百三十二"陈旸"之后。据《文献通考》卷一百八十四载，他曾是王安石的"徒"，即弟子或同党，则可以推知其为北宋新经学派传人。新经学派的著作流传不广，《论语全解》的传世

---

① M.G. Morisse, Contribution préliminaire à l'étude de l'écriture et de la langue Si-hia, *Mémoires présentés par divers savants à l'Académie des Inscriptions et Belles-Lettres*, 1ᵉ série, 11.2, 1904.

汉文本和西夏译本各自多有讹脱①，自然不足为奇。

残片的出土地点编号 K.K.II，即黑水城外那座著名的古塔遗址。俄国的科兹洛夫考察队 1909 年在那里获得了大批文献，今藏俄罗斯科学院东方文献研究所，而斯坦因所获则是科兹洛夫五年前的劫余。1936 年，聂历山首次发现俄国收藏品中有一种西夏文的《论语注》②，当时怀疑是西夏人自撰，戈尔巴乔娃和克恰诺夫在 1963 年做过如下著录③：

论语，инв.№ 147、148、149、784、7215。

刻本，蝴蝶装，25.3×17.2 厘米，版框 18×12.7 厘米，8 行，行 17 至 18 字，注文行 16 字，保存良好（刻本经修复）。

№ 147——第 5 篇，第 20 章：第 16 叶左—17 叶左，3 面。

№ 148——第 15 篇，第 5 至 11 章：第 3 叶右—12 叶右，19 面。

№ 149——第 19 篇(尾)至第 20 篇(首)：第 14 叶左—17 叶右，6 面。

№ 784——第 11 篇，第 2 章：第 1 叶左—10 叶右，18 面。

№ 7215——第 19 篇：第 14 叶右，1 面。

刊于 12 世纪（?）。

汉文《论语》上述篇章的残译本，有注释，西夏文注基于汉文又异于汉文原注，译注者疑为西夏宰相和学者斡道冲。

俄国学者对该书作者的猜想大约本于虞集的《西夏相斡公画像

---

① 聂鸿音《西夏译本〈论语全解〉考释》，《西夏文史论丛》1，银川：宁夏人民出版社，1992。
② Н.А. Невский, Тангутская письменность и ее фонды, Труды Института Востоковедения 17, 1936.
③ З.И. Горбачева и Е.И. Кычанов, Тангутские рукописи и ксилографы, Москва: Издательство восточной литературы, 1963, с. 33.

赞》①，但实际并不正确。经数年后吴其昱指出那是陈祥道《论语全解》的西夏译本②，终使这部书的鉴定工作得以圆满结束。

俄国藏本《论语全解》的全部图版先后在俄罗斯和中国刊布③。经与汉文本核对，可知其中的《公冶长》、《先进》、《卫灵公》、《子张》、《尧曰》五篇分别出自卷三、卷六、卷八和卷十，恰好没有英国藏本的卷七《子路》一篇，然而从刻本的版式、行格和字体来看，本文介绍的这纸残片与俄国藏本同出一版，这应该毫无疑义。

第三届伯鸿书香奖正式启动

2017 年 4 月 23 日，第三届伯鸿书香奖正式启动。伯鸿书香奖旨在表彰为全民阅读推广事业做出突出贡献的集体和个人。本届奖项设置为：组织奖，正式奖 2 名、提名奖 4 名；个人奖，正式奖 1 名、提名奖 3 名；阅读奖 20 名。继上届伯鸿书香奖围绕《论语》开展"同一本书"主题阅读活动之后，本届伯鸿书香奖选定《诗经》为读者共读的"同一本书"，主办方将开展"阅读《诗经》征文"活动，以及评选"阅读《诗经》经典书单——十大好书"。

（清平客）

---

① 虞集《道园学古录》卷四《西夏相斡公画像赞》谓斡道冲"八岁以《尚书》中童子举，长通五经，为番汉教授。译《论语注》，别作解义二十卷，曰《论语小义》，又作《周易卜筮断》，以其国字书之，行于国中，至今尚存"。
② Wu Chi-yu, Sur la version tangoute d'un commentaire du Louen-yu conservée à Leningrad, *T'oung Pao* 55.4-5, 1969.
③ В.С. Колоколов и Е.И. Кычанов, Китайская классика в тангутском переводе (Лунь Юй, Мэн Цзы, Сяо Цзин), Москва: Наука, 1966, с. 3-49. 俄罗斯科学院东方研究所圣彼得堡分所、中国社会科学院民族研究所、上海古籍出版社编《俄藏黑水城文献》11，上海：上海古籍出版社，1999，页 47 ～ 59。

从词汇学的角度品书名

赵兵兵

梁昭明太子萧统编《文选》，作《文选序》，曾言："若夫椎轮为大辂之始，大辂宁有椎轮之质；增冰为积水所成，积水曾微增冰之凛。何哉？盖踵其事而增华，变其本而加厉；物既有之，文亦宜然。"①其意虽在表达文学之发展观，但同时向我们揭示了事物发展的一个普遍规律，所谓"踵事增华"、"变本加厉"，亦即事物总是由低级到高级不断发展、不断演进的。所以我们可以借用其语，谓"物既有之，名亦宜然"，书名作为"名"之一种，亦同其理。

当然，我们要看清，事物的"踵事增华"确实是被历史证明的"实然"（实际情形），符合我们的认知，但是这种发展、演进是否"应然"（符合情理）却是另一问题。所以，章学诚曾作《繁称》②一篇，专门批评"名"（人名、书名）在"踵事增华"之后，产生的诸多弊端。章学诚虽然涉

---

① （梁）萧统编，（唐）李善注：《文选》，上海：上海古籍出版社，1986年，卷前第1页。
② （清）章学诚著，叶瑛校注：《文史通义校注》，卷四，北京：中华书局，1985年，第393～397页。

及到书名的"实然"问题，但重点是讨论其"应然"之标准。本文则主要从词汇分析的角度梳理"实然"问题，试图在章氏之后，继续从古籍书名中绰绎出一些规律性的东西。

从词汇学的角度来说，书名是一种专有名称，属于固定短语的范畴。也就是说，书名是"词跟词的固定组合，一般不能任意增减、改换其中的成分"①。但是，由于书名具有极强的私人性，理论上可以由作者任意组合汉字而成，所以，同样的文字，不是书名的时候就只是一般短语②。此外，由于书名数量繁多，而其使用范围又较有限，因此，能否进入全民共同语而取得现代汉语词汇成员的资格，则要"依据知名度或是否广为各地的人们所知晓和熟悉"③来加以判断。不过，尽管书名存在着与一般词汇的种种不同，但我们仍可借用词汇学研究的方法，来分析古籍书名的结构、古人如何简称书名以及一书多名之间的关系等等问题。

书名作为一种专有名称，虽然可以物质形式固定在本书书本之上，但更多的时候，它们是活跃在他处的称引之中，包括口头称引和书面征引与著录。因此，书名宜短宜简，当明白易晓，以便称引。翻阅《中国丛书综录》④及《四库系列丛书目录·索引》⑤二书，可以发现，古籍书名字数一般在 2 ～ 6 字之间，其中犹以 2 ～ 4 字居多，其原因即在此。当然，从理论上说，书名字数的最低限度，可以只有一个字，古籍中也确有其例。"中华再造善本"收宋孙奭为做《音义》之《律》，

---

① 黄伯荣，廖序东主编：《现代汉语（增订本）》上册，5 版，北京：高等教育出版社，2011 年，第 209 页。按：由于古汉语词汇以单音节词居多，而古籍书名用字多在二字以上，因此绝大多数古籍书名都是由两个及两个以上的词组合而成的。

② 按：假如原来的书名本就是人名、地名之类的其他专名，当它不是书名的时候，仍然属于固定短语。只是这种情况比较特殊。

③ 刘叔新著：《汉语描写词汇学》，北京：商务印书馆，1990 年，第 274 页。

④ 上海图书馆编：《中国丛书综录》，上海：上海古籍出版社，2007 年。按：此节所举诸书名，均见此书及下一脚注所引《四库系列丛书目录·索引》，除需特殊说明外，下文不再出注。

⑤ 复旦大学图书馆古籍部编：《四库系列丛书目录·索引》，上海：上海古籍出版社，2007 年。

据学者考证，当即《宋史·艺文志》所著录唐长孙无忌等所撰之《律》，亦即唐律①。书名字数之最高限度虽不存在，但书名多至十数字，已嫌颇繁。汉杨雄所著书《輶轩使者绝代语释别国方言》，多达十二字，虽非古籍书名中用字最多者②，但人们已经很少称其原名，而多用简称——《方言》③。书名字数中的这个成规律性的现象，还可以做进一步探讨。在这里，我们主要想借鉴词汇学中对词之结构的分析方法，探讨一下书名结构中的规律。

从书名属于固定短语的角度来看，书名在结构上与合成词颇为相似。合成词基本上可分为"词根 + 词根"和"词根 + 词缀"两种类型，依样画瓢，我们可以将大多数书名归为"主名 + 主名"（简称主名型）和"主名 + 辅名"（简称辅名型）两大类型。所谓"主名"，大体相当于"词根"，一般是指构成书名的有实在意义的体词④（如《周易正义》《夜航船》中的"周易"、"正义"、"夜"、"航船"）。而所谓"辅名"，则与合成词的"词缀"有所不同，虽然它们比较固定的出现在书名的前面或后面，但仍然具有实在意义，只是较"主名"略显微弱（如《广韵》中的"广"，《书目答问补正》中的"补"和"正"），充当"辅名"的词（含单字），很多都是动词或形容词（含区别词）。

若对"主名型"书名进一步细分，我们可以发现，绝大多数此类

---

① 按："中华再造善本·唐宋编"收录孙奭书，题"律十二卷音义一卷，宋孙奭撰"。王菡为作《提要》，考证此《律》即《直斋书录解题》、《文献通考》所称之"《律文》"。见中华再造善本工程编纂出版委员会编著：《中华再造善本总目提要·唐宋编》，北京：国家图书馆出版社，2013年，第306～308页。
② 传统四部书，书名字数一般较简。而《大藏经》、《道藏》二家所收书，书名字数达两位数者，比比皆是，多者可达数十字。比如，佛经有《摄无碍大悲心大陀罗尼经计一法中出无量义南方满愿补陀罗海会五部尊等弘誓力方位及威仪形色执持三摩耶标帜曼陀罗仪轨》（董玮编：《二十二种大藏经通检》，北京：中华书局，1997年，第529页）一种，书名竟达54字。《道藏》有书《太上洞渊三昧帝心光明正印太极紫微伏魔制鬼拯救恶道集福吉祥神咒》（《中国丛书综录》，第一册，第795页），亦多至30字。不过，道家书名中高频词甚多，因此显示出较强的规律性，本文暂不讨论。
③ 关于《方言》一书的历代著录情况，可参清姚振宗撰《隋书经籍志考证》，王承略·刘心明主编：《二十五史艺文经籍志考补萃编》，第十五卷（一），北京：清华大学出版社，2014年，第370～373页。
④ 书名中的体词，主要包括名词、时间词、处所词及数词。而同样属于体词的区别词，如"女"、"新式"等，所起作用则与"辅名"中的形容词更为近似，故将其归入"辅名"。词类的划分，参朱德熙著：《语法讲义》，北京：商务印书馆，1982年。

书名中的词与词之间①，近似于一种相辅相成而又势均力敌的关系，我们称之为"互补型"（如《周易正义》中的"周易"和"正义"，《周易集解》中的"周易"和"集解"）。至于"辅名型"书名，一方面可仿"词缀"之例，将"辅名"分为"前辅"（如《广韵》之"广"，《补元史艺文志》之"补"）和"后辅"（如《诗品》之"品"，《释名疏证补》之"补"）。另一方面，则可根据二者的关系将之细分为"支配式"（如《说文解字》《古今诗删》）和"偏正式"（如《小尔雅》《新唐书》）。下面我们主要围绕"辅名型"书名做进一步探讨。

从《补元史艺文志》和《释名疏证补》两个例子，我们可以看到，虽然可以根据"辅名"在"主名"的前后位置来将具体书名的用字分为"前辅"和"后辅"，但是对于一些"辅名字"（即充当"辅名"的文字）来说，其位置并不像"词缀字"那么固定。即便是像《诗品》《书品》《画品》这种书名里的"辅名字"只出现在"主名"之后的情况，实际上也可以分别看成"品诗"、"品书"、"品画"，只是如此取名便不免有些降低档次。类似的，像《毛诗古音考》《切韵考》《日下旧闻考》之类，实际就是"考毛诗古音"、"考切韵"、"考日下旧闻"。不过，实际情况却是清一色把"品"、"考"放在"主名"后，采用倒装结构作书名，可见，"品"、"考"这类"辅名字"在古籍书名中，实际上的位置还是比较固定。《广雅》《广文选》《广弘明集》之类书名中的"广"字，均在"主名"之前。至于《增广贤文》《太平广记》之类，书名中"广"字位置看似不定，但实际上前者中的"增广"作为同义复词，在这里做一个词用。而"太平广记"

---

① 我们这里说的"词"，范围较宽，与语法意义中"词"的概念不完全相同。像下面所举例子中，我们将《周易正义》中的"周易"、《补元史艺文志》中的"元史艺文志"均看作一个"词"，而从词汇学角度看，都是词组。实际上，大部分书名都存在这个情况，照理说，我们可以将之看作"多层次结构"（此类书名可以归为"复合型"，与之相对，像《周易》《广韵》之类，则可归作"简单型"），仿照词汇学的办法对它们进一步切分。但限于篇幅，我们采取简化处理。

这个"主名复合型"书名，其后一"主名"——"广记"——可以看作是一"辅名简单型"书名，其中"广"为"辅名"，亦在"主名"之前。清世宗雍正帝《圣谕广训》与《太平广记》近似，只是前者是康熙帝《圣谕十六条》之"衍生品"，而《广记》则属"原生品"①。总得来说，常见的"辅名字"有:增、广、续、补、演，选、摘、节、抄、删，读、说、谈、论、断，订、定、正、解、辨，考、辑、汇、释、校，新、后、前、女、小，等等。这些字均有独立承当"辅名"的例子，它们之间两两组合，如增广、补正、校释、考辨之类，亦可承担"辅名"之任。

前面我们说过，充当"辅名"的词 (含单字)，很多都是动词或形容词 (含区别词)，这样，它们与充当"主名"的体词搭配构成书名的时候，就可分为"体词＋动词"和"体词＋形容词"两大类。根据二者关系，我们分别名之为"支配式"和"偏正式"。《说文解字》中的"说"、"解"两个动词表示一种行为，"文"、"字"两个名词表示行为涉及的对象，其关系可以解释为前一个成分支配后一个成分，故称支配式。《匡谬正俗》之名与此书之名在结构上完全相同。《古今诗删》，即"删古今诗"，"删"表行为，"古今诗"是其对象，亦属支配式。而《小尔雅》、《新唐书》中的"小"、"新"，分别起限制其后"尔雅"、"唐书"的作用，因称偏正式。

以上是对书名结构的简要讨论，笔者认为这样的探讨，有助于我们更好的理解古人的名书特点，希望有更多的人来研究这个题目。此外，

---

① 此处的区分，主要着眼于书名。所谓"原生品"，是指书名具有原创性的著作。"衍生品"则指书名有所沿袭的著作。二者书名可分别称为"原生名"和"衍生名"。当然，我们也可以从书籍内容和体例上，将古籍分为"原生体"和"衍生体"。这样，我们可以发现，古籍中的经典著作，主要是"原生品"和"原生体"，可称为"原生作"。至于"衍生作"在数量上，远远超过"原生作"，则体现了古人著述的一大特点——"述而不作"——借注释经典阐发自己的才学与思想。凡此，皆当另加详论，非此文之所能任。

我们还可以借助词汇学的研究方法，进一步分析书名简称（包括一书简称、多书并列之简称）及为丛书命名的规律、书名中的词义色彩以及一书多名之间的关系等问题。总之，词汇学为我们研究书名提供了一把金钥匙，理当重视。

中华书局出版《莫友芝全集》

（全十二册，张剑、张燕婴整理，中华书局 2017 年版，980 元）

　　莫友芝一生颠沛，著述不辍，其《宋元旧本书经眼录》《郘亭知见传本书目》，治古典文献者必读；《郘亭诗集》《郘亭文集》，治清代文学者必读；《黔诗纪略》，治西南历史者必读——此皆流传较广者。而莫氏学问渊深，于四部皆有建树：治经，则汇纂前说，考证补苴，撰《十先生中庸集解》；治小学，则阐发幽隐，析分源流，撰《唐写本说文解字木部笺异》《韵学源流》；治版本目录，则广访博求，搜剔众本，撰《持静斋书目》《持静斋藏书记要》《江南收书记》《影山草堂书目》；治书画金石，则耳闻目验，手拓心识，撰《书画经眼录》《金石影目录》《郘亭校碑记》《文选楼缩刻少室石阙十五石》；治农桑，则旧著新闻，通俗便农，撰《樗茧谱》……此外，又有大量书信、日记，涉及与曾国藩、李鸿章、张之洞等交往，载有众多关涉太平天国、洋务运动的史实。《莫友芝全集》收录莫氏除《遵义府志》以外的所有存世著述，对于研究莫友芝、晚清学术与近代历史均有裨益。

（闻　学）

"唐宋史料笔记丛刊"的昨天、今天和明天

胡　珂

"史料笔记"在传统四部分类中，以史部杂史类，子部杂家类、小说家类等文献为主，内容庞杂，从军政大事、朝野轶闻、典章制度、士林言行、谈艺论文、社会风俗、名物故实，到街谈巷议、神怪异闻、滑稽诙谐之事，莫不涉及。史料笔记不仅生动有趣，可助人开颜解颐，更能广见闻、资考证，虽然私家叙事有时难免存在主观或客观上的偏颇、疏谬，但如陈寅恪先生所说，"以通性之真实言之，仍不失为珍贵之社会史料也"（《唐代政治史述论稿》），对文史研究具有不可忽视的价值。

"唐宋史料笔记丛刊"是中华书局"历代史料笔记丛刊"的重要组成部分。1959 年，中华书局总公司与中华书局上海编辑所商定分工办法时，决定历代笔记均由总公司出版，其中包括吴晗主编"元明史料笔记丛刊"、郑天挺主编"清代史料笔记丛刊"、邵循正主编"近代史料笔记丛刊"。20 世纪 70 年代末，赵守俨先生等筹划将唐宋元明清五朝史料笔记选编成三套丛书，即"唐宋史料笔记丛刊""元明史料笔记丛刊""清代史料笔记丛刊"，统称为"历代史料笔记丛刊"。其中，"元明

史料笔记丛刊""清代史料笔记丛刊"都曾在"文革"前出版过,而"唐宋史料笔记丛刊"是首次出版。历代史料笔记当时并没有总体的出版说明,而是在一种一种笔记的出版中逐渐形成自己的风格。

一

"唐宋史料笔记丛刊"中最早的品种是 1979 年出版的中华书局前辈学者赵守俨、程毅中先生点校《隋唐嘉话·朝野佥载》。书前的《点校凡例》,为丛刊后续品种的整理作了示范;每种笔记前的《点校说明》,是整理过程中的心得。赵守俨、程毅中点校本实际上为整套丛书的风格定下了基调,后来在约请作者整理唐宋史料笔记时一度以该书作为参考。据周勋初先生回忆,傅璇琮先生邀请他整理《唐语林》时,就曾寄来一册《隋唐嘉话·朝野佥载》以资参考(见周勋初《我与〈唐宋史料笔记丛刊〉的文字因缘》)。

"唐宋史料笔记丛刊"草创以来,得到学界鼎力支持。如邓广铭先生点校《涑水记闻》(与张希清先生合作),裴汝诚先生点校《东斋记事·春明退朝录》《燕翼诒谋录》(署名汝沛或诚刚,实际上是裴汝诚、许沛藻、郑世刚的组合笔名),孔凡礼先生点校《容斋随笔》等 18 种笔记(分为6 种书出版),徐规先生点校《建炎以来朝野杂记》,周勋初先生点校《唐语林校证》,李裕民先生点校《东轩笔录》《青箱杂记》,等等。这些学者参与整理唐宋史料笔记重要品种,使丛刊整体上呈现出较高水平。

上海师范大学古籍整理研究专业第一届研究生李伟国、朱杰人、吕友仁、王松龄、俞宗宪、萧鲁阳等,承担了《归田录》《默记》《渑水燕谈录》《东坡志林》《龙川略志·龙川别志》《鸡肋编》的点校工作,为丛刊的壮大添砖加瓦。吕友仁先生后来回忆:"甫入校,裴汝诚先生交给我们每个研究生一本宋人笔记，要我们整理（标点、校勘、辑佚），并交待说：'将由中华书局出版。'果不其然，在我们毕业前夕就出版了。"（见吕友仁《历史文献学是历史系的不能承载之重》）这些整理者后来有的从事研究、教学工作，有的从事学术出版工作，数十年来，多未与古籍整理事业分开。2011年，吕友仁先生致中华书局编辑邮件云："校点《渑水燕谈录》，是仆学走的第一步。读书不多，时有错误。兹寄上《渑水燕谈录》勘误二则，敬希再版时予以改正。"从中可见当年点校者真诚谦虚与精益求精的态度。

此外，在丛刊起步之时，部分中华书局编辑既当责编，又当作者，贡献甚多。吕友仁说："中华书局的责任编辑负责把关。我清楚地记得，责任编辑崔文印是那样一丝不苟地批改我写的校勘记。"崔文印先生是《清波杂志校注》等书的责任编辑，细心的读者会发现刘永翔先生校注中有"此条注承崔文印先生教"，可略窥见责编与校注者之间的切磋琢磨。崔先生编辑之暇，自己也整理了宋人李心传的笔记《旧闻证误》，他的夫人曾贻芬后来也点校了唐代笔记《开元天宝遗事·安禄山事迹》，这是"唐宋史料笔记丛刊"整理者中的一对伉俪，可谓佳话。

又如王瑞来先生是《唐语林校证》等书的责任编辑，同时自己也整理了《鹤林玉露》《朝野类要》等书。王瑞来先生如今在宋代文献整理方面成果丰硕，《鹤林玉露》是他点校的第一部书，当时他尚在大学时代，1983年书出版时，收到稿费1200元，相当于他在中华书局两年的工资。后来，为整理另一本篇幅不大的《朝野类要》，王瑞来先生赴北京（北图、科图、北大）、南京、上海、台北等地图书馆搜觅查阅版本，今《朝野类要》整理本书前附有南京图书馆藏明抄本、上海图书馆藏明刊本、北京大学图书馆藏惠栋校四库底本等彩色插页，"唐宋史料笔记丛刊"书前有版本彩色插页者唯此一种。本书在对版本文献深入研究的基础上进行整理,书分"点校篇"和"研究篇"两部分,异于一般整理本,这是对日本学者古籍整理形式的借鉴。"研究篇"的篇幅更逾于正文,《朝野类要》作者赵升其人、成书的原委、版本之源流皆有详细考索。

"唐宋史料笔记丛刊"从初创到20世纪末,不乏经典之作。特别值得一提的是南京大学文学院周勋初先生的《唐语林校证》和华东师范大学古籍所刘永翔先生的《清波杂志校注》。

《唐语林》是北宋人王谠模仿《世说新语》的体例,从唐五代人所著五十种著作中,采摭大量唐代遗闻轶事,加以辑录、改写、考订,纂为一书,内容丰富,不少材料仅见于此书,是一部极富史料价值的笔记总集。但王谠征引各书,一律不注出处,剪裁改写的过程中,又间有失误。《唐语林》世无善本,现存最早版本是明代嘉靖二年齐之鸾刻两卷残本,阙略谬误甚多。清代四库馆臣从《永乐大典》中重新辑出,勒成八卷。但不论是《永乐大典》纂修者还是四库馆臣,工作都颇粗疏草率,虽有存留文献之功,也带来了许多新的问题。《唐语林》一书如不经妥善整理,不仅一般读者望而却步,即使专业学者亦不便利用。在傅璇琮先生的约请下,周先生从搜罗材料、编制长编入手,给各条编号,为今存一千余条中的九百多条注明出处,并逐条推敲标点,校勘考订。除了利用齐之鸾本、历代小史本对校,更广征各条原出之书以及宋元总集、类书、文集、笔记中相关文献来充分他校,去伪存真,剔除流传过程中阑入之条,新辑得二十条。撰写前言两万余言,附录六种:1.《唐语林》援据原书提要。2.宋元明三代书目著录。3.前人序跋与题记。4.《唐语林校证》参考书目。5.《唐语林》援据原书索引。6.《唐语林》人名索引。周先生整理工作自1981年下半年展开,至1983年大体完成,之后续有加工,至1987年终于出版,真正做到了"一人劳而万人逸"。《唐语林校证》出版后广受好评,程千帆先生称赞校证之举救活了一本死书,赵守俨先生认为是当之无愧的在研究基础上进行的整理。此书在 1992 年 3 月举办的首届全国古籍整理图书评奖中获奖。周先生为校证《唐语林》付出了艰苦的努力，对王说所抄录的五十种原书皆作了研究，也因此拓展了自己的学术格局。周先生后来所著《唐代笔记小说叙录》《唐代笔记小说考索》，主编《唐人轶事汇编》，可以说都是因为做《唐语林校证》一书而发现问题，持续跟进，取得成果。

《清波杂志》是南宋人周煇所撰一部较为著名的笔记，作者晚年居住在杭州清波门，故名其书。本书多记两宋人事制度、物产风俗等，多涉文学掌故，存录不少今已散佚之诗词文。刘永翔先生读研究生时，在徐震堮先生指导下，"足足化了六年的时间，查书则多多益善，校注则小心翼翼，未尝敢以轻心掉之"（《清波杂志校注·前言》），其引书达六百余种，对《清波杂志》做了精善的校勘与注释。注释如刘先生自期，做到了"略者详之，讹者正之；传闻异辞，真伪能定则定之，不能定则并存以俟续考"，其援引材料熨帖，切中肯綮，在没有电子数据库检索的时代，尤为不易。校注中含有发挥、申说、考辨，绝不同于现今某些几乎只从数据库、工具书甚至网络百科来检索、粘贴的所谓古籍注本。刘先生娴于文章词赋，本书前言即以四首绝句收尾，最末首云："茫茫书海费搜寻，为注《清波》苦用心。唤起西湖周处士，可能异代许知音？"既见甘苦，又寓自信。《清波杂志校注》出版后，也久为学界所称道，成为"唐宋史料笔记丛刊"中口碑甚佳之作，邓广铭先生 1995 年曾致刘永翔信称"读后极佩功力之深厚，实当今校点注释本之上上乘"（见刘永翔《也曾遥沐邓林霞》）。

二

21 世纪前十年，"唐宋史料笔记丛刊" 的组约和出版进度一度放缓，新增品种不多（其中近一半品种是由孔凡礼先生整理的），难以满足广大学者和普通读者对这套丛刊的期待。近五年来，为了维护 "唐宋史料笔记丛刊" 的品牌不坠，我们加强了组约工作，力图整理出版更多唐宋笔记，便于学者利用和读者欣赏。

自 2012 年至 2017 年，"唐宋史料笔记丛刊" 已出新品种 12 种：

《苏氏演义·中华古今注·资暇集·刊误》，〔唐〕苏鹗、〔五代〕马缟、〔唐〕李匡文、〔唐〕李涪撰，吴企明点校。

《教坊记·次柳氏旧闻·开天传信记·乐府杂录》，〔唐〕崔令钦、〔唐〕李德裕、〔唐〕郑綮、〔唐〕段安节撰，吴企明点校。

《丁晋公谈录·国老谈苑·孙公谈圃·孔氏谈苑》，〔宋〕潘汝士、〔宋〕夷门君玉、〔宋〕刘延世、〔宋〕孔平仲撰，杨倩描、徐立群点校。

《奉天录·新辑玉泉子·中朝故事·金华子杂编》，〔唐〕赵元一、〔唐〕佚名、〔南唐〕尉迟偓、〔南唐〕刘崇远撰，夏婧点校。

《靖康缃素杂记》，〔宋〕黄朝英撰，吴企明点校。

《梦溪笔谈》，〔宋〕沈括撰，金良年点校。

《愧郯录》，〔宋〕岳珂撰，朗润点校（朗润是集体笔名，北京大学历史系邓小南教授的学生曹杰、闫建飞、陈希丰、任石、尹航、聂文华分别点校了本书的部分章节）。

《钱塘遗事校笺考原》，〔宋〕刘一清撰，王瑞来点校。

《曾公遗录》，〔宋〕曾布撰，顾宏义点校。

《儒林公议》，〔宋〕田况撰，张其凡点校。

《云溪友议校笺》,〔唐〕范摅撰,唐雯校笺。

《嬾真子录校释》,〔宋〕马永卿撰,崔文印校释。

上列新品种,有的是中华书局老作者孜孜矻矻、勤勉不懈的成果。例如 2017 年新出的《儒林公议》,是暨南大学古籍所教授张其凡先生整理的。《儒林公议》是北宋名臣田况记载北宋前期朝廷政令、士大夫言行掌故的重要笔记,张其凡先生除了点校原文,还力图对田况传记、诗文作品等相关资料进行竭泽而渔式的搜集,编为附录,以便学者利用。张先生还以类似方式整理了北宋状元宰相王曾的《王文正公笔录》,北宋名相王旦之子王素、之孙王巩的《王文正公遗事·清虚杂著三编》,两书年内可出版。张先生于 2016 年 11 月 24 日不幸因病去世,未及见到这几种笔记的出版,在此我们对他致以深切的悼念。

苏州大学文学院教授吴企明先生,早在 20 世纪 80 年代就曾为"唐宋史料笔记丛刊"整理过《桯史》《癸辛杂识》这样的重要品种,近年来虽已年过八旬,仍老骥伏枥,董理文献,《苏氏演义(外三种)》《教坊记(外三种)》即是。另《靖康缃素杂记》,80 年代曾在上海古籍出版社出版,近年吴先生重加修订,亦纳入"唐宋史料笔记丛刊"再版,以飨读者。

中华书局编审崔文印先生,今年已 77 岁高龄,2017 年整理出版了《嬾真子录校释》。本书为南宋初马永卿所撰,多涉宋代名人诗文轶事。崔先生对注释部分用力颇深,凡原书所涉文献,均为注明出处;凡原书引录文献或作者所论有误者,皆一一辨明其非;凡原书论及又未能举其全的文献,校释择要而补之,可以说是《嬾真子》一书目前最佳整理本。

日本学习院大学教授、前中华书局编辑王瑞来先生,早年即尝试对宋代史料笔记和其他基本史籍进行整理,近年来用功更勤,在每天乘坐日本新干线通勤的路上也会带着史籍做标点工作。王瑞来先生近年出版了多种重要的宋代文献整理作品,其中包括"唐宋史料笔记丛刊"中的新品种《钱塘遗事校笺考原》。《钱塘遗事》是南宋遗民"刘一清"记南宋一代之事的作品,尤详于宋理宗、度宗和宋恭帝数朝之事,本书整理除了版本校勘外,利用了大量其他宋元史籍进行他校,并对《钱塘遗事》所记条目进行史源追溯。

老作者之外,我们很高兴地看到新生代学者渐渐加入到丛刊整理者队伍中来。如 2014 年出版的《奉天录(外三种)》整理者复旦大学中文系讲师夏婧博士,是"唐宋史料笔记丛刊"整理者中的第一位八零后学者。她对唐代文献素有积累,根底扎实,年纪虽轻,处理文献却显熟练老成,目前还是点校本"二十四史"修订本《旧唐书》修订组成员之一。《奉天录》,中唐史臣赵元一撰,按日记事,多记功臣勋业及逆臣言行,叙事记言往往较正史为详,是记载唐德宗"奉天之乱"的第一手文献。外三种包括《玉泉子》,唐末佚名撰;《中朝故事》,南唐尉迟偓撰;《金华子杂编》,南唐刘崇远撰;皆记中晚唐故事,广涉君臣事迹、政治制度、社会风俗、文学掌故等,颇为正史、《通鉴》所采摭,价值珍贵。四种笔记几无善本存世,整理者在底本选择、内容考辨、校改分寸、佚文辑录等方面多经过深思熟虑。以其中《新辑玉泉子》例,南京大学严杰教授考证今本《玉泉子》乃明人先从《太平广记》辑得《玉泉子》31 条,辑者以其篇幅太少,又摘录《广记》所引他书文字以充数,致使今本《玉泉子》约七成条目与他书重出,文字高度雷同。这类条目多集中于今本后半部分,作伪之迹甚明(参《新辑玉泉子·整理说明》)。有鉴于此,必须重做辑本。新辑本据各类典籍辑得佚文 46 条,其中 15 条为此次新辑。旧本采自他书诸条,则以《旧本玉泉子疑文辨证》为题作为附录,并制作《玉泉子新旧本条目对照表》。值得一提的是,南宋曾慥所编《类说》一书引《玉泉子》18 条，其中 16 条均不见于今本，夏婧没有贸然将其辑入新本，在 2012 年 6 月提交初稿时即在邮件中对责编谈到《类说》误标书名，不太可信。交稿后不久，2012 年 7 月《文献》第 3 期刊赵庶洋先生《略论清钞宋本〈类说〉的文献价值》，指出上图藏雍正时期钞本《类说》一部，系据宋本钞录。比对此本，知通行明天启刻本《类说》所标书名多误。夏婧留心到此文并亲赴上图核对，此前判断获得了有力的版本佐证，这个例子体现了她对最新研究成果的关注及敏锐的文献洞察力。具体可详参《新辑玉泉子》后所附《类说引玉泉子佚文辨证》部分。

又如 2017 年初出版的《云溪友议校笺》。《云溪友议》是少数有单行本存世的唐人笔记之一，故事曲折生动，多涉中晚唐诗事、史事，不少重要唐诗、轶事赖本书方得以流传。如《中山悔》载刘禹锡自述昔年醉后荒唐，"司空见惯"一诗即源出于此。《题红怨》记述了宫女红叶题诗的传说，后世戏剧小说遂因之而敷衍。《蜀僧喻》录王梵志诗十八首，是敦煌卷子外最早大量载录王梵志诗歌的文献。《闺妇歌》则记张籍力荐朱庆馀，"画眉深浅入时无"一句脍炙人口。因此，《云溪友议》颇为后世诗话（如《唐诗纪事》）、史书（如《资治通鉴》）所采撷。陈尚君教授曾撰文指出，尽管《云溪友议》作者范摅位卑名微，学识平平，但却记录下唐代中后期民间流传唐诗名人名篇的离奇故事，留下唐诗民间传播的特殊文本，颇具可贵之处（《范摅〈云溪友议〉唐诗民间传播的特殊记录》）。复旦大学中文系副教授唐雯，在唐代文史研究与文献整理方面已成果颇丰，是点校本"二十四史"修订本两《五代史》和《旧唐书》修订组成员。她利用海内外所存有代表性版本细致校勘，并撰版本研究论文，还充分利用《太平广记》《唐语林》《唐诗纪事》《诗话总龟》等宋代文献引录《云溪友议》的文字进行他校。笺注部分，旨在探赜事迹来源、辨明记载真伪及文献所反映的社会文化，将《云溪友议》所载内容与其他相关史料比读互证，对墓志资料、敦煌文献及前辈学者之研究成果多有关注。本书经过精心校勘、深入笺证，成为对《云溪友议》整理最善之本，也是近年来"唐宋史料笔记丛刊"中笺注类代表作品。

三

近三十年前，赵守俨先生有鉴于当时丛刊中唐代笔记数量过少，要求在保证整理水平的前提下多出几种唐代笔记，至少要把一些重要的整理出来。现今丛刊已对唐代笔记品种做了不少补充，情况有所改观，但仍有一些重要唐代笔记尚未有精善整理本。宋代笔记方面，赵守俨先生先前指出当年已出宋人笔记点校水平参差不齐，有些书不同程度地存在一些错误（《随笔和〈唐宋史料笔记丛刊〉》）。近年陈新先生撰《宋人笔记点校质量亟须提高》，对丛刊中宋代笔记在标点等方面的失误提出了不少意见。丛刊中宋代笔记所占比例较大，但就其存世总量而言，亦远逾唐代笔记，故宋代笔记在组约新稿、补充品种方面仍任重道远。我们对丛刊品种的继续充实和品质的不断提升，做了一些切实的规划。现在已经约请了一批中青年学者对唐宋重要笔记品种进行整理。

继《云溪友议校笺》之后，我们将陆续补充一些读者期待已久的重要品种，唐代笔记有《唐摭言》《唐国史补》《因话录》《鉴戒录》的校注本，各位校注者都曾做过相关笔记的专书研究，有的校注本确实展现出了个人风格，校注中时有颇为精辟的考辨、论说，非有专门研究者不能道之；另外，《大唐传载》《尚书故实》《松窗杂录》《悠闲鼓吹》等将出版新校本。宋代笔记则有《实宾录》的新辑本，以及《思陵录》《龟山语录》《元城语录》等点校本。

我们希望，今后丛刊的规模和质量能够更上一层楼。整理者应该尽量做到对相关笔记代表性版本网罗全面，对版本源流认识清晰；标点准确，校勘精审，笺注应在准确的基础上力求深刻；要充分关注新材料与学界新成果、新观点，点校注释必须与学术研究相结合。近年来，随着海内外古籍善本的不断公布、碑刻墓志的大量出土、相关学术研究的不断深入，再加上各种古籍数据库的普及运用，使得文献检索手段极其便捷，可以说当今古籍整理者在诸多方面实具备前人不可想象、无法比拟的优势，"唐宋史料笔记丛刊"理应进入一个高端精致整理的新时代。

首届宋云彬古籍整理奖揭晓

2017 年 6 月，首届宋云彬古籍整理奖揭晓。经过葛兆光、詹福瑞、金良年、刘跃进、荣新江、杜泽逊、程章灿、高克勤等评委的认真评议，按照严格的投票程序，最终评选出图书奖 4 种和编辑奖 2 名。

获得宋云彬古籍整理奖·图书奖的是《史记（修订本）》《长沙马王堆汉墓简帛集成》《杜甫全集校注》，获得宋云彬古籍整理青年奖·图书奖的是《光宣诗坛点将录笺证》，获得宋云彬古籍整理奖·编辑奖的是俞国林（中华书局），获得宋云彬古籍整理青年奖·编辑奖的是林日波（凤凰出版社）。

宋云彬古籍整理奖是宋云彬古籍整理出版基金设立的奖项，分图书奖和编辑奖，旨在奖励原创古籍整理者及古籍整理编辑；并特别设立青年奖，以奖掖古籍整理事业传承。

（清平客）

浅议影印古代语言学文献索引的编写

张　可

何九盈《中国古代语言学史》开篇即谈到："语言学从来都不是显学，可从来都是根底之学。"①在全面复兴传统文化的当下，作为"根底之学"的传统语言学也遇上了复兴的大好机遇，及时通过影印、点校排印等方式整理推介优秀的古代语言学文献，帮助读者了解传统语言学是时代的需要，更是语言学界与出版界共同的使命。

本文主要讨论影印出版古代语言学文献时索引编写的必要性和方法。

一、编写的必要性

与现代语言学不同，传统语言学主要是为淹通经史服务的。王力先生说："中国在'五四'以前所作的语言研究，大致是属于语文学范

---

① 何九盈《中国古代语言学史》（新增订本），北京大学出版社 2006 年。

围的……语文学在中国古代称为'小学'……只有一点可以肯定：小学是有关文字的学问；古人治小学不是以语言为对象，而是以文字为对象的……语文学本来是和古典文献发生密切关系的学问，所以中国的小学一向被认为是经学的附庸。"①正因为传统语言学的这个特点，使得古代语言学文献主要以古书注解、字书、韵书的形式存在；"甚至在研究方言俚语的时候也带有语文学的性质，因为作者们往往考证这些方言俚语用字的来源"。不论是古代以治经明史为目的而"先治小学"的士大夫，还是当下出于对传统文化的热爱而关注传统语言学的读者，有很大一部分语言学文献的阅读人群都带有明确的查询目的。这就使得索引编写成为整理古代语言学文献非但重要，而且是必要的程序。

实际上，古代语言学文献的索引编写从明清时期就已经开始了。今知最早的索引是明代张士佩所编《洪武正韵玉键》②。高小方《中国语言文字学史料学》在"说文学史料"下单列"检字"一类，收入清丁源编《说文便检》、黎永椿编《说文通检》以及今人陈祥民主编《〈说文解字〉今读与通检》等③。李文涛《经部古籍索引综录》罗列了 2010 年以前出版的经部古籍(含部分今人所编古代语言学资料文献)索引名录，"小学类"收录一百余种，在所分类别中数量最多；其中大部分是影印、排印语言学文献所附索引，但也有单独的索引书，又尤以《说文》类索引居多④。由此可见古代语言学文献索引编写的必要性早已为古今研究者所认同。

另一方面，电子化阅读和大型语料库方兴未艾，语言学文献的整理

---

① 王力《前言》，《中国语言学史》，《王力全集》第五卷，中华书局 2013 年。
② 潘树广《古籍索引概论》，书目文献出版社 1984 年。
③ 高小方《中国语言文字学史料学》，南京大学出版社 2005 年。
④ 李文涛《经部古籍索引综录》，《中国索引》2011 年第 3 期，40～44 页；2012 年第 1 期，35～46 页。

应该考虑到电子化及与文献数据库结合的可能性，从这个角度看，编写
索引也有利于未来可能的电子文献读者和数据库使用者更加方便地查
询、使用语言学文献。而与电子化查询的结合，也就要求语言学文献的
索引在编写之初就考虑到索引字的检索便捷性与通用性，这个问题在下
文还将详细讨论。

二、索引字的处理原则

每一部语言学文献的索项提取，如是只出被释词语还是同时出解
释词语，是只收原文献中词语还是兼收后世注疏中词语，是原样抄录还
是酌情删去部分限制词、虚词，乃至提取中心语等，凡此种种，都应根
据原文献形态和出版目的而有个性化的选择。因此，在这里我们不讨论
索引项的提取，只从个人思考出发，就影印语言学文献的索引字处理原
则提出一点看法。

（一）尊重原文献面貌与体现历代校勘成果的平衡

既然采取影印出版的方式，则所选取的文献版本必然有其独特的优
势：或属于时代上出现较早、更靠近古籍成书时原貌的旧本、古本；或
属于稀见本、孤本甚或名人批校、题跋本；或属于错讹较少的精校精刊
本。我们认为，影印底本的选择与出版的目的有直接关系，无论是选取
具有文物性的珍本还是后出转精的精校本，都是有价值的。但应该看到
的是，"完全正确"的古籍版本几乎是见不到的。由于古代文献主要以
抄写和雕版印刷的方式流传，书籍的保存手段又受纸张等介质的天然局
限，因此在长期的流传过程中难免讹脱衍倒、文字漫漶，乃至以讹传讹，
导致文不可通者，实乃常见；即便明清以来文献存有手稿者，也可能存
在作者笔误或征引错漏。而精校精刊本也很难改尽所有错漏，更兼有后

学妄改之虑。因此，作为影印底本的古籍，必然会出现或多或少的错讹。

对待古籍中的这些错漏，曾经有一段时期在影印时采取"挖改、贴改、描改"等方式，以期提供一个错字较少的阅读文本；但即使正确的改动也会改变古籍的版本特征，对基于该版本的研究产生妨碍，更遑论整理者很有可能错改，而这种主观臆断造成的释读错误往往因"有一定道理"而非常隐蔽，比客观条件（如原底本不清或影印疏漏）造成的文字脱漏、漫漶影响更大。现在影印古籍时改动底本的弊端已渐为人们所揭示，"存真求实"的原则已经为出版界和学术界所公认，新近出版的影印文献已经很少对底本进行主观改动。

那么，影印文献所提取的索引项，是完全照搬影印底本，还是广泛利用前贤乃至时人的校勘成果，给出"正确"的索引字呢？我们认为，这个问题不能一刀切，应该有所平衡和取舍。

抛开人力、经费等客观原因，采取影印而非排印的方式来出版一部语言学文献，本身就是为了忠实呈现文献的原貌；对影印文献感兴趣的读者，所要求的也并非一个"正确的结果"，而更看重影印所能呈现的真实、原始的资料价值，版本与版本之间的差异也许正是他们的兴趣之所在。作为一部影印文献的索引，也理应体现出这种原始性、真实性、资料性，而在索引中保留影印底本的"错误"，也正是在保留这个版本的"特征"，甚至于这些"错误"还可能在索引中以特定方式形成一个集合，这种集合本身就能够说明该版本的一些问题，启发研究者的思考。由此可见，在提取索引项时抛弃"错字"改用"正字"的方式是极为不妥的。

那么，我们是否应该在索引中采取大量括注的形式，在"原始"的索引字之余给出"正确"的索引字，在保留文献原本面貌的同时尽量体现出前贤与时人的校勘成果呢？我们认为，这种处理方式在排印整理的文献上可以尽情应用，却不宜大量地出现在影印出版的文献中。这是因为，影印与排印两种不同的古籍出版形式，所面对的人群、承担的作用应该有所区别。点校排印的目标是整理出一个可堪引用的"新善本"，不管是采取底本式整理还是定本式整理，都应该尽可能地吸收校勘成果，同时广求异本、广搜资料、反复研究，以期尽可能恢复古书成书时的原貌；而影印的目标则是完美呈现该版本本身的真实面貌。在索引中过多地呈现校勘成果，看似使得影印出版不再是为人诟病的"拿来就印"，而有了更多的使用价值，但实际上却模糊了两类读者群的不同需求，试图以一种出版物迎合所有读者的需要。具体来说，过多呈现校勘成果，一则会增加索引篇幅，导致无法快速定位检索项；二则所括注的"正确结果"，有可能干扰读者的独立思考，影响读者通过文献本身的"错讹"来发现深层次问题；三则与同版本排印文献索引功能重合，浪费人力物力。

　　然而，对历代的校勘成果，我们是不是完全不用吸取呢？这个问题也需要结合索引本身的作用来思考。罗伟国曾结合上海书店出版社的出版实践，论述了索引在古籍整理领域的功能：一是在影印丛书、总集中发挥分解、梳理功能，二是在汇印丛书时发挥组合、导航功能，三是在影印工具书类文献中发挥执简、检索功能，四是以索引形式汇辑文献资料，发挥结网、鉴别功能，五是为成套旧报编制索引，发挥揭示和追踪功能①。在罗伟国所论的六大领域中，影印语言学文献更贴近于影印工具书类文献，索引主要起到的作用是方便读者按图索骥，迅速找到相应的内容。因此，如果需要提取的索引项用字字义与上下文义差距极大，

① 罗伟国《发挥文献 编制索引》，《中国索引》2014年第2期，4～5页。

也就是说通过本校法可以轻易发现索引字的错误，这就说明该索引字的问题并不在于文本理解的差异，而更有可能是刻工误刻；这种情况下，括注相应的校改字，并不会给读者"先入为主"的暗示，影响读者的判断和思考。例如，宋庆元六年浔阳郡斋本《方言》卷一："嫚、蝉、緤、捵、未，续也。楚曰嫚。婵，出也。楚曰蝉，或曰未，及也。""婵"字不见于前，但"婵，出也"下郭注"别异义"，可证"婵"当同上文作"蝉"，这种情况下，我们认为可以括注"蝉"于"婵"后。另一方面，如果索引项本身讹不成字，括注校改字同样能够帮助读者检索到需要的内容，毕竟如果不括注，读者在不知道讹字字形的情况下，是很难从索引中把它查找出来的。

综上所述，我们认为，在处理索引项用字的"正误"问题时，需要遵循的原则，一是尊重底本用字，不抛弃"错字"改用"正字"，必要时采用括注方式呈现校改字；二是在汲取校勘成果时把握分寸，在尊重影印文献读者需要与便利读者检索上取得最优解。

（二）尊重汉字字形与适应规范化要求的平衡

上面谈的是处理索引项用字"正误"问题的原则，接下来要谈的是处理索引项用字字形的原则。上面说过，影印文献有别于排印整理文献的独特之处就在于保留原貌，这就使得文本中不仅保留了原文献的错讹字，还保留了因为种种原因而出现在原文献中的异体字。对于这些异体字，我们在编制索引时应该如何处理呢？我们认为，这同样不能一刀切，而是要针对不同情况的异体字，在尊重底本字形与适应规范化要求上达成平衡。

异体字可以分为异写字和异构字两个类别，这两个概念由王宁提出，李国英、李运富等均有所论述。结合多位学者的观点，异写字之间的差异主要是笔画层面的不同，而异构字之间的差异则是构字理据的不同。上述几位学者在异写字与异构字具体的区分标准上有差异，比如仅构件位置不同是否归属异构字，部件省减类是否归属异构字等①，这属于文字学的范畴，此处暂不讨论。之所以在此引入这两个概念，是因为这样的区分有助于我们处理索引中的异体字问题。

首先，我们应该尊重原文献所用字形，尤其是构字理据不同的异构字，不宜径改为"正体字"。影印文献，尤其是影印语言学文献所用的异构字，往往体现了撰著者对文字结构的理解，不可轻易更改。我们在编写《说文解字》相关文献的索引时，就注意了以下几点：首先，同部之字部首构件尽量遵照原书。如《说文·舟部》下有"朕（朕）、服（服）"二字，如果索引中径改为这两个字常见字形"朕、服"，就失去了许慎说解字形的原意。其次，构件位置有所区别之字，如左右部件互换，或左右结构变为上下结构等，我们也在索引中予以保留。

第二，从文字规范、检索便利乃至适应出版物电子化需要的角度考虑，对于文献中由于书写笔画不同产生的异写字，应当视情况处理。具体来说，第一，避讳缺笔字一般可径予补全，如宋庆元六年浔阳郡斋本《方言》"慎、济、曙、慾、浧、桓，忧也"条，"慎"字缺右下点，"桓"字缺右下横，皆属于省末笔的避讳字。第二，笔形不同的旧字形可径改为新字形，便于检索、电子化和文字规范，如旧"艹"新作"艹"，一为四画，一为三画，目前大部分人查找该字均取三画，此类当可径改；异写类的俗体字可径改为正体字，如《方言》第一"挦、撍、撢、挺，取也"条，"挦"字之"口"原书作"几"，这是由于"寻"的隶定形体差异产生的异写，可径改。

---

① 孙建伟《异写字与异构字考论》，《江苏大学学报（社会科学版）》2016年第2期，88～92页。

当然，所谓"异写"与"异构"的区别也不可绝对，只是一个辅助的分类方式，原则还在于如何既保留文献原始特点，又体现文字规范、便于读者检索。在编制《说文解字》系列影印文献的索引时，我们就采取了（异构字）部件保留原字形、括注通用字形，而使用该部件的字径用通用字形的方式来平衡这一矛盾。例如"冄（冉）"，而"訵、柟、郉、痭、顄、聃、拰、姌、蚒、䭆"；"𣪠（毄）"，而"𪐁、繫、䯀、毊、檕、䃔、礉、懿、擊、𢾅、繄、墼、𧥌"。

另外，作为部首的异写字，我们一般也保留了原字形，以与许慎说解更好地对应；虽然许氏之说有时并不准确，是在没有足够的古文字资料情况下曲为之说，但还是回到上文：影印文献及其索引要呈现的并不是"正确的结果"。

另外，是否为统一部件、规范字形而造字也须要斟酌，把握平衡。首先，在目前的字库无法满足需要的情况下，为了减少主动造字，方便未来文本的数据化，在不影响检索的情况下，我们并未强求异写部件一致。例如，从文字规范角度考虑，"火"在下部一般作"灬"，但"爕、爨、炱"等字目前字库中并无下部作"灬"的字形，我们就没有强行造字规范。当然，相信随着古籍数据化技术的发展，这类"妥协"将会越来越少。至于"尞"字，字库虽有"尞"字，但从"尞"之字如"璙、遼、鷯、膫、簝、橑、寮、僚、獠、燎、爒、憭、潦"等，该部件并作"尞"，从字形演变角度说，"火、小"的相似性更直观，所以我们在索引中将之定为"尞（尞）"，这又是在"规范字形"的原因上有所取舍了。

至于保留异体字形之后，是否括注通用的正体字形，则需要结合文献特点，通盘把握，既尽量满足检索需要，又尽可能精简索引篇幅。在为《说文解字》系列影印文献制作索引时，我们的原则是：如果该字须要保留异体字形，但又同时作为其他多字的部件出现，则括注通用字形，如此则使用该字作为部件之字则可径用通用字形，如上举"冄（冉）、毃（毂）"之类；如果该字在古代文献中使用频率较大，属于极常用之字，则括注通用字形，如上举"朕（朕）、服（服）"之类；如果该字小篆字形与原文献已有的隶定字头有矛盾，则括注原隶定字形，如《说文通训定声》"舡（舡）、鬻（饵）"之类。

三、利用电子表格编排索引

确定索引项之后，编排不外乎笔画、音序、四角号码等几种形式。由于笔画排序的索引，同画之字一般较多，一般还会按照起笔笔形排列顺序；音序等其他方式，虽然同一小类的字较少，但从检索的便捷性考虑，最好也能以起笔笔形排列。复音词列于首字所在位置之下，多音词一般按文献中当读之音处理，这些都是索引编排的惯例，此处不再细说了。

在这里，我们想顺带谈一谈利用电子表格编排索引的经验。利用电子表格编排语言学文献索引，在提升编写效率和精准度，以及方便回溯、复核、按类别筛选等方面皆具有优势，尤其适用于同种文献不同版本（包括校注本）索引的编写。编写完成的电子表格，不仅便于数据化，更是版本间横向对比的一手材料。下面以我们编写《说文解字》系列文献索引为例略作说明。

首先设立各列题目。对于单一文献，一般至少须要设立记录文本信息的序号列，索引项列，卷、页、上下栏列，以及便于索引排序的注音列，笔画、笔顺码列，四角号码列等。虽然电子表格本身可以通过音序、笔序自动排序，但考虑到多音问题以及语言学类文献必然面临的折合今音与现代音不一致的问题，设立注音列是必要的；而笔画、笔顺码列，主要针对的是总索引项不多但造字较多的文献，如张亚初《商周金文姓氏通考》，其中作者根据金文材料隶定字形多需要造字，填写笔顺码虽然略为繁琐，但排序更加准确，后期复核也比较方便。如果将多种文献（或多个版本）制作到同一表格中，除每种文献（版本）均须分别记录文本信息外，还有必要设立一个总序号列，如此则不管后期怎么排序调整，都能够通过总序号列回到最原始的顺序，避免出错。另外，我们还单独设立了一个是否有括注字的提示列，这是为了能够通过筛选，方便地提取出所有括注索引项，判断括注是否必要、标准是否统一。

录入相关信息时，可通过单元格颜色对索引项类别作出区分，由于电子表格可以通过颜色排序和筛选，这一步区分也就为后期对比、筛选、复核做好了准备。如在我们影印出版的《说文解字》系列文献中，《说文解字》《说文解字系传》《说文解字句读》《说文解字义证》《说文通训定声》等，同一字的字头结构不一定相同，甚至有的可能是需要校改的讹误字，这些字我们就通过颜色进行标记，便于后期对比并调整其在索引中的位置；除《定声》外，其他几种文献条目顺序大致相同，但仍有许多不一致之处，对这些局部的顺序差异我们也通过颜色来标记；部首字、《定声》字母代表字同样通过类似方法标记，便于后期提取为部首检字表、字母检字表等。

另外，《说文解字》有新附字，《说文解字义证》有补遗字，《说文通训定声》有附录字词，这些内容与《说文解字》本身关系不大；由于《说文解字》中收录的新附字也零星出现在清代几种说文文献中，我们将新附字也列入总表，但其他两种文献的补遗、附录就单表另列，如此也减轻了总表的繁琐性。

前期工作完成后，通过筛选、排序等方式，就可以比较方便地进行索引编写和检查工作了。遇到索引项有疑义时，通过表格也可以方便地查到该字在几种文献中的准确页码，便于返回文献进行复核。下面是表格部分内容截图：

大徐序	大徐字	大徐页	上下	義證字	義證页	上下	定聲字号	定聲字	定聲页	上下	句讀序	句讀字	句讀页	上下	系傳序	系傳字	系傳页	上下	拼音	辅助音节	辅助音号	四角号码	总序
1	一	1	上	一	1	上	7254	一	643	上	1	一	1	上	1	一	1	上	yī	yi	1	1000	1
2	元	1	上	元	2	上	8340	元	716	下	2	元	1	下	2	元	1	上	yuán	yuan	2	1021	2
3	天	1	上	天	3	上	10173	天	853	下	3	天	1	下	3	天	1	上	tiān	tian	1	1043	3
4	丕	1	上	丕	3	下	1933	丕	210	上	4	丕	1	下	4	丕	1	上	pī	pi	1	1010	4
5	吏	1	上	吏	3	下	1590	吏	174	上	5	吏	1	下	5	吏	1	下	lì	li	1	5000	5
6	上	1	上	上	3	下	10762	上	906	下	6	上	1	下	6	上	1	下	shàng	shang	4	2010	6
7	帝	1	上	帝	4	上	5727	帝	523	上	7	帝	2	上	7	帝	2	下	dì	di	4	0022	7
8	旁	1	上	旁	4	上	10973	旁	927	上	8	旁	2	上	8	旁	2	下	páng	pang	2	0022	8
9	丁	1	上	丁	5	上	4786	丁	454	上	9	丁	2	上	9	丁	2	下	xià	xia	4	1020	9
10	示	1	下	示	5	下	6898	示	616	下	10	示	2	下	10	示	2	下	shì	shi	4	1090	10
11	祜	1	下	祜	5	下	4387	祜	418	下	11	祜	2	下	11	祜	3	上	hù	hu	4	3426	11
12	禮	1	下	禮	6	上	6555	禮	589	上	12	禮	2	下	12	禮	3	上	lǐ	li	3	3521	12
13	禧	1	下	禧	6	上	1706	禧	186	上	13	禧	2	下	13	禧	3	上	xǐ	xi	1	3426	13
14	禛	1	下	禛	6	下	9876	禛	830	上	14	禛	2	下	14	禛	3	上	zhēn	zhen	1	3428	14
15	禄	1	下	禄	6	下	3927	禄	376	下	15	禄	2	下	15	禄	3	上	lù	lu	4	3723	15
16	禩	1	下	禩	6	下	5772	禩	527	上	16	禩	2	下	16	禩	3	上	sì	si	1	3221	16
17	禎	1	下	禎	6	下	10481	禎	880	上	17	禎	2	上	17	禎	3	上	zhēn	zhen	2	3128	17
18	祥	1	下	祥	6	下	10641	祥	894	下	18	祥	2	上	18	祥	3	上	xiáng	xiang	2	3825	18
19	祉	1	下	祉	6	下	1540	祉	168	上	19	祉	2	下	19	祉	3	上	zhǐ	zhi	3	3121	19
20	福	1	下	福	7	上	2109	福	230	下	20	福	2	下	20	福	3	上	fú	fu	2	3126	20
21	祐	1	下	祐	7	上	1873	祐	205	上	21	祐	2	下	21	祐	3	上	yòu	you	4	3426	21
22	祺	1	下	祺	7	上	1714	祺	187	下	22	祺	2	下	22	祺	3	上	qí	qi	2	3428	22
23	祇	1	下	祇	7	上	6519	祇	586	上	23	祇	2	下	23	祇	3	上	zhī	zhi	1	3224	23
24	禔	1	下	禔	7	上	5704	禔	521	下	24	禔	2	下	24	禔	3	上	zhī	zhi	1	3628	24
25	神	2	上	神	7	上	9960	神	836	下	25	神	2	下	25	神	3	上	shén	shen	2	3520	25

　　当然，这个表格远不完善，上面提到的经验也都是在我们实际的工作中逐渐总结出来的，不一定正确，仅希望能提供一些相关的思路。

　　诚如本文开篇所言，语言学从来都不是"显学"，这就意味着大部分对语言学文献产生兴趣的读者，尤其是影印语言学文献的读者，往往都久已沉浸于传统文化，具有一定古文献功底，甚至本身就是致力于传统语言学研究的学者。如何服务好这部分读者，为他们制作出切合要求、便于使用的索引，还需要我们在实践中不断总结经验。

"百篇"是怎样选出来的
——《中华传统文化经典百篇》编辑手记

彭玉珊

自 2015 年 2 月，李克强总理倡议编纂"百篇"始，至 2016 年 10 月，中华书局正式出版《中华传统文化经典百篇》(以下简称《百篇》) 为止，历时一年又八个月，这部总计 50 万字、由 101 篇作品组成的经典文选，终于问世。

本书的出版过程，特别适合用一句老话来概括："事非经过不知难。"传统典籍，卷帙浩繁，欲以百篇之规模，为读者勾勒出中华文化的大概，并不容易;《古文观止》《古文辞类纂》《经史百家杂钞》……众多"文选"珠玉在前，为后来者提供了足够好的参考，也生成了足够多的压力。

然而，再繁难的事情，若肯静下心来，从结果向过程倒推，操作路线总会渐渐清晰。总的来看，从策划到出版，需解决的问题大致可以依次概括为：一、《百篇》的最终呈现样态是什么？二、用何种方法，来决定《百篇》选文的具体篇目？三、撰稿者需遵循何种编写规范？四、编辑加工者按照何种标准进行后期打磨？

第一个问题，是"定调"。我们希望读者拿到一部这样的书，既是历代名著名篇的精粹选本，也是中华民族优秀传统文化的一个较小体量的缩影。第三、四个问题，是"实操"。力求通过多方合作，使读者拿到的这部《百篇》，呈现出体例严谨、版本考究、注释详尽、讲析晓畅的面貌。

特别具有挑战性的，实际上是第二个问题，"选择"。对难以计数的名篇进行取舍增删，均对参与这项工程的人员，在学养、魄力、见识、流程把控能力等多个层面，构成重重考验。

自2015年5月底至2015年10月中旬，为确定选目阶段。

责任编辑首先整理出一份参考篇目初选表单，选目来自历史上的三部经典选本——《古文观止》《古文辞类纂》《经史百家杂钞》的全部篇目，现行初中课标与高中教案的规定背诵默写古文篇目，高中几种版本新课标教材文言文选目，以及古籍类出版社近年文选类出版物出现频率最高的选篇，等等。也即通过总结已有成果，向编委提供基本数据参考。

编委收到这份大表格，经过筛选与补充，各自提交一份选目，由责编将编委的选目进行汇总整理，标注选文所处时代、作者、被提名次数、编委意见、文体（按照《经史百家杂钞》的文体分类方式），以及是否被收入三部经典选本和现行初、高中课本等关键信息（见附图）。接着，表格按照票数，重新排序，123篇得票超半数的文章，一目了然。选目的大致范围，就此确定。同时，票数偏少的文章，另列一表，以备参考。

随后，责编将所有选篇原文一一找到，按照朝代次序编入一个大文档，编目打印装订成册，连同票数统计表格，一并交由本书二审审阅，并根据二审意见进行完善。

编委会根据责编提供的材料，经过多次讨论，几度投票，再参考李克强总理对本书提出的修改意见，最终确定了101篇选目。

值得一提的是，编委票数，并非决定某篇入选的唯一标准，文体归属、所处朝代、作者、文章生僻程度等等，都是需要考虑的因素。

比如，清人阮元《畴人传序》，得票数偏低，也不见于三部选本及现行课本，但是，《畴人传》作为我国历史上第一部中国自然科学家传记，在中国自然科学史以及中国文化史上有着重要的地位。本文中，阮元提出天文历算之学是"实事求是之学，非方技苟且干禄之具"，令人读之，精神一振。选入本篇，正是《百篇》立足当代、尊重科学的体现。

又如，热门作者苏轼，除最后入选的《赤壁赋》《潮州韩文公庙碑》外，还有《留侯论》《教战守策》等文章被提名，但为全书选篇均衡度考虑，只保留两篇。

再如，唐代魏徵《谏太宗十思疏》，得票数很高，但编委经过综合考量，删去本文，替换为《〈贞观政要〉三则》。

《过秦论》《出师表》《岳阳楼记》等脍炙人口的文章，历代选本及当代语文课本都不会漏选，得票排名亦非常靠前。《百篇》将这些名篇，一一收入。

吸收前人已有成果、尊重客观统计数据，再反复讨论，充分权衡，最终，《百篇》做出了这样的"选择"：在继承前人选本中经典文章的基础上，大胆创新发展，书中 60% 的篇目，为《古文观止》《古文辞类纂》《经史百家杂钞》所未收。

这份选目，是否已绝对合理，无任何遗憾？或者说，《百篇》是否已足够完美，无任何瑕疵？主编袁行霈先生《后记》说得明白："定有疏漏谬误之处。"任何一项工作，抱着绝对完美、一击即中的想法，则第一步都难以迈出；相信自己，尊重前辈，信任同仁，在切磋琢磨中稳步推进，才能在这一代人手里，做出真正无愧当代、有益后世的事情。

序号	篇名	朝代分类	作者	文体（依《经史百家杂钞》）	是否收入三本书及课本	票数统计
34	过秦论	西汉	贾谊	论著	都有	14
35	论贵粟疏	西汉	晁错	奏议	都有	14
36	论六家要旨	西汉	司马谈	奏议	类钞	14
37	谕巴蜀檄	西汉	司马相如	诏令	类钞、杂钞	6
38	廉颇蔺相如列传	西汉	司马迁	传志	观止、杂钞、课本	12
39	报任安书	西汉	司马迁	书牍	类钞、杂钞、课本	12
40	货殖列传序	西汉	司马迁	序跋	观止、杂钞	16
41	管晏列传	西汉	司马迁	传志	观止	13
42	上武帝书言世务	西汉	徐乐	奏议	无	9
43	元光元年举贤良对策	西汉	董仲舒	奏议	无	11
44	自纪篇	东汉	王充	论著	无	12
45	苏武传	东汉	班固	传志	课本、观止	15
46	张骞传	东汉		传志	无	14
47	刺世疾邪赋	东汉	赵壹	词赋	无	12
48	让县自明本志令	东汉	曹操	诏令	课本	10
49	说文解字序（节选）	东汉	许慎	序跋	无	11
50	典论·论文	魏晋南北（三国）曹丕		论著	课本	12
51	出师表	魏晋南北（三国）诸葛亮		奏议	都有	15
52	与山巨源绝交书	魏晋南北（三国）嵇康		书牍	课本	9
53	陈情表	魏晋南北（西晋）李密		奏议	课本、观止	12
54	崇有论	魏晋南北（西晋）裴頠		论著	无	13
55	钱神论	魏晋南北（西晋）鲁褒		词赋	课本	12

《中华传统文化经典百篇》初选篇目票数统计表（节选）

读钱笔记

顾 农

钱锺书与魔鬼对话

中国古人写文章的模式之一是虚设主客二人对话，这就是所谓"词人属文，皆伪立主客，假相酬答"（《史通·杂说下》）。五四新文化运动以后，旧文学要被打倒，新派人物很少用这种样式写文章了。其实主客对问酬答的办法并不坏，用此旧瓶，可装新酒。鲁迅先生就曾经用这一古老的形式写过一篇意味深长的小说《头发的故事》，其中"伪立"（虚构）"我"和"N 先生"二人对话以构成作品的骨架，令当时的读者耳目一新。

钱锺书先生对于中国传统中国气派尤其情有独钟，他曾经用对问的体式写过一篇著名的散文《魔鬼夜访钱锺书先生》，后来被列于散文集《写在人生边上》一书之首。

在这篇对问中，"魔鬼"唱主角，"钱锺书先生"仅为陪衬，而魔鬼的高谈阔论除了表明身份的声明和随宜发挥的讽刺之外，大部分内容恐怕恰恰正是钱先生本人要发表的高见；这正如《头发的故事》中 N 先生的许多见解乃是鲁迅本人的意见，而小说中的"我"只是一个充当配角的听众而已。鲁、钱之文心不谋而合，相视而笑。近人有作鲁钱比较研究者，未举此例，失之眉睫，不免可惜。

钱先生笔下的魔鬼议论风生，滔滔不绝，颇多警句。他说："有种人神气活现，你对他的恭维，他不推卸地接受，好象你还他的债，他只恨你没有附缴利钱。另外一种假作谦虚，人家赞美，他满口惭愧不敢当，好象上司纳贿，嫌数量太少，原璧退还，好等下属加倍再送。"世态人情洞若观火，罕譬而喻入木三分。魔鬼又说，像他这样的身份，"在这个年头儿，不愁没有人请你吃饭，只是人不让你用本领来换饭吃，这是一种苦闷"。良知尚存的社会贤达各路名流往往容易产生这种苦闷；自然也有人乐此不疲，毫无苦闷地一路吃将过去。诸如此类的见道之言，钱先生都不肯直截了当地说出，统统推给魔鬼去大放厥词。

关于传记，魔鬼有一段名言：

> 现在是新传记文学的时代。为别人做传记也是自我表现的一种；不妨加入自己的主见，借别人为题目来发挥自己。反过来说，作自传的人往往并无自己可传，就逞心如意地描摹出自己老婆、儿子都不认得的形象，或者东拉西扯地记载交游，传述别人的轶事。所以，你要知道一个人的自己你得看他为别人做的传；你要知道别人，你倒该看他为自己做的传。自传就是别传。

这里除了最后的"别传"一词似可推敲（这个词有它固有的含义）以外，精彩绝伦。照时下的情形看，要推销自己，以及自己的老婆（或丈夫），最好的办法是写一本类乎自传的回忆录，书愈厚愈好，内中务必多加玉照；然后到处去签名售书，一股脑儿隆重推出。

　　文章中安排主人和客人出来对话，虽说出于虚构，倒也并非纯属子虚乌有，而往往"依附真人，构造虚事，虚虚复须实实，假假亦要真真"（《管锥编·全上古三代秦汉三国六朝文·全宋文卷三四·辞赋主客酬对多假托》）。在这一方面钱先生不仅有理论总结，还有创作实践。完全没有创作体会的理论家固然也有很了不起的，而有一点实践，总归有益无害。

"默存"之妙

　　小时候钱锺书先生最早取名仰先，字哲良；后来正式命名为锺书，稍后又得到一个新的字叫"默存"。其由来，据一本钱先生的传记说，是因为他少年时代"口没遮拦地任意乱说，常常得罪人，为此他父亲特地为他改字'默存'，意思是告诫他缄默无言，存念于心"（孔庆茂《钱锺书传》，江苏文艺出版社1992年版，第26页）。

　　按"默存"二字的出处见于扬雄《解嘲》，该文有云："炎炎者灭，隆隆者绝。观雷观火，为盈为实。天收其声，地藏其热。高明之家，鬼瞰其室。攫拏者亡，默默者存。位极者高危，自宁者身全。"此文曾被收入《文选》卷四十五，吕延济注云："攫拏，执持也。言执权用事者必亡，默默守道者必存也。"钱先生表字的出处和意义在此。

　　钱锺书先生1957年没有受到冲击，许多人以为难能可贵，出乎意外。其中的奥妙，杨绛夫人后来在《我们仨》一书中有过介绍，她写道：

　　　　风和日暖，鸟鸣花放，原是自然的事。一经号召，我们就警惕了……上面只管号召"鸣放"，四面八方不断地引诱催促……我们两个不鸣也不放，说的话都正确……

锺书这年初冒寒去武昌看望病父时，已经感到将有风暴来临。果然，不久就发动了反右运动，大批知识分子打成右派。

运动开始，领导说，这是"人们内部矛盾"。内部矛盾终归难免的，不足为奇。但运动结束，我们方知右派问题的严重。我们始终保持正确，运动总结时，很正确也很真诚地说"对右派言论有共鸣"，但我们并没有一言半语的右派言论，也就逃过了厄运。

这正是"默默"的好处。

"文革"结束后，钱先生分析自己一向没有倒什么大霉的原因在于，"从未出过风头，骂过什么人……多少享受了'沉默的自由'"（转引自夏志清《重会钱锺书纪实》，《钱锺书研究》第2辑，文化艺术出版社1990年版，第303页）云云。

这当然不能说是名字保佑了他，却可以说明"默存"二字的道理和妙处。

读《容安馆札记》摘抄

钱锺书先生读书笔记经整理后分《容安馆札记》《中文笔记》《外文笔记》印行，现已出齐。其中《钱锺书手稿集·容安馆札记》（商务印书馆2003年版）出得最早，先前拜读时做过一点笔记，现摘出二则如下：

容安馆日札三百三 《全后汉文》卷五十四张衡《髑髅赋》，按《全三国文》卷十八陈王植《髑髅说》，卷四十三李康《髑髅赋》，卷五十三吕安《髑髅赋》，遂成科白。平子赋云，髑髅答曰：吾宋人也，姓庄名周云云。后世小说院本遂以为庄子难枯矣。（《容安

馆札记》第 1 册，第 509 页）

按，后来《管锥编》中《全上古三代秦汉三国六朝文》之第五六则专门发挥以上这一条日札，由此可见钱先生之读书笔记与他的著作的关系。

《庄子·至乐》——汉魏辞赋——小说院本，形成一条互文关系链，然后又继续往下延伸到鲁迅的《故事新编·起死》。这里有许多有趣的衍变和值得研究的问题。

> 容安馆日札三百六十九　……又按此赋（陆机《文赋》）写抽思呕心之状最妙（六情底滞、志往神留云云，收视返听、耽思傍讯云云），论谋篇选词，抑其次也。（《容安馆札记》第 1 册第 588 页）

按，后来《管锥编》中《全上古三代秦汉三国六朝文》之第一三八则发挥此意。其中有云：

> "傍讯"、"旁搜"乃言思之未得，念兹在兹，搜讨幽夐，期于必致。顾亦有异乎此者。燥吻滞情，邈然莫获，虽极思功，未邀神告，则姑置之，别为他事，却忽流离滂沛，不觅自来。心理学者谓致知造艺，须解"旁思"，当乎塞而不通，宜舍是而别其用心，以待时节因缘，自然涣释……离题而另起炉灶，皆"傍讯"、"旁搜"。（《管锥编》第三册，中华书局 1979 年版，第 1185 页）

按此说《文心雕龙·养气》已尝言之，这就是所谓"且夫思有利钝，时有通塞……是以吐纳文艺，务必在节宣，清和其心，调畅其气，烦而即舍，勿使壅滞"云云。《日札》和《管锥编》中的议论又包含了钱先生本人的写作经验，都值得再三体会。

钟嵘与刘勰的异同：钱锺书先生的一处误判

刘勰和钟嵘是同时代人，都生于刘宋，死于萧梁；《文心雕龙》成书略早于《诗品》，而相去亦不甚远。《诗品》专门研究五言诗，《文心雕龙》讨论的问题虽极广泛，但诗歌在其中占据重要地位；两本书都是针对时弊而发，并且提出了拨乱反正的处方；他们对先前的文学理论和批评都表示了某种不满——凡此种种，都使得二书有着很强的可比性。

《文心雕龙》与《诗品》就其反对不注意继承传统、不重视充实内容而一味追求形式之美的错误倾向而言，大方向基本一致；而其间的差异尤为重要，差异就是矛盾，但未必是简单的对立。

刘勰全面强调"宗经"，认为各种文体都源于儒家经典，在创作实践中也必须处处以经典为典范，大有原教旨主义的气味；钟嵘固然也很重视儒家经典，由于他仅限于评品诗歌，所以专重《诗经》，其他较少涉及，而且他主要是从风格学的角度切入，研究所评诗人的源流，其结论是汉代迄今诸诗人的创作之源可以归结为国风、小雅和楚辞三个系列——这就不是单纯的宗经了，他将楚辞也列为诗歌经典之一。

关于楚辞对后代诗人的影响，刘勰也曾有所论列，称为"衣被词人，非一代也"（《文心雕龙·辨骚》）；但他格于正统思维，始终不肯承认楚辞的经典地位，而不惜花费许多笔墨去辨析楚辞与儒家经典之间的异同。钟嵘不像刘勰那样严格地区分什么"奇"和"正"，而是非常实事求是非常痛快地指出，有大批诗人继承了楚辞的传统，在这一脉之下他列出了王粲等二十一人，数目大大超过《国风》《小雅》两个系统有关诗人的总和。

从创作理论上来说，刘勰和钟嵘都很重视感情在诗歌中的作用，《文心雕龙》中专列了《情采》一篇，《诗品》则在序言中明确指出，诗的本质就在于"吟咏性情"。他们的差异是，刘勰认为感情应当纳入到正确的思想里面去："诗者持也，持人性情。三百之蔽，义归无邪。持之为训，有符焉尔"（《明诗》）——他的正统气息比较浓厚；而钟嵘不大强调用正统思想来约束感情，相反却主张"合于流俗"，表现了某种草根式的自由。

在当时一个热门话题声律问题上，保守和革新的情形似乎正好翻转过来：刘勰对新兴的声律说表示欣赏、赞成，还就沈约的意见作出若干发挥；而钟嵘对声律说则近于简单否定。但这也只是表象，传统的儒家艺术论历来是强调中和之美的，《荀子·劝学》云："诗者，中声之所止也"，《礼记·乐记》说："乐者，天地之和也；礼者，天地之序也。和，故万物皆化；序，则群物皆别。"一别一和，相反相成，秩序遂定，天下太平。刘勰正是从这样的基本点出发才认同声律说的；钟嵘只重视"吟咏性情"，任何外加的清规戒律都不赞成，所以他说"文制本须讽读，不可蹇碍，但令清浊通流，口吻调利，斯为足矣"，用不着太多的束缚。可惜他没有注意到讲究声律正是为了更自觉地达成"清浊通流，口吻调利"，态度不免失之于简单化。从这一点看去，刘勰其人虽相当正统而富于辩证的思考，钟嵘则思想比较解放而有时失之于粗糙。

在作家评论方面，刘勰、钟嵘多有异同，其例甚多，而最明显的差异是他们对陶渊明的态度。《诗品》将陶渊明列入中品，历来遭到批评以至痛斥。其实《诗品序》说得很清楚："预此宗流者，便称才子。至斯三品升降，差非定制，方申裁变，请寄知者耳"；又中品嵇康评语有云："托喻清远，良有鉴裁，亦未失高流矣。"可知三品之间虽各有差异，而钟嵘尤其注重上、中品与下品之间的差距，将陶渊明列入中品确实是低了，但到底列入了中品，未失高流。《文心雕龙》则是根本不提陶渊明的，他对陶渊明何以如此冷峻，乃是一个千古之谜，或以为陶渊明的作品流传不广，为刘勰所未见，或以为渊明的风格与刘勰所崇尚者不合，或以为渊明拒斥佛教与刘勰的宗教感情相悖，说法虽多，似均未能对此事作出充分的解释。其实原因可能很简单，《文心雕龙》评论作家迄于东晋，刘宋以下他称为"近代"，乃是应当批判的对象，所以像谢灵运、颜延年、鲍照等现在看来很重要的作家他一概不提；陶渊明由晋入宋，则不提是可以理解的。但这种情形仍然表明刘勰对他没有足够的认识，否则应当是可以予以评说的，因为陶渊明的大半生乃是生活在东晋。

稍后于刘勰与钟嵘的太子萧统高度重视陶渊明，率先为之编定文集，他很可能接受了钟嵘的影响。《诗品》中品对陶渊明的评语是：

> 其源出于应璩，又协左思风力。文体省净，殆无长语，笃意真古，辞兴婉惬。每观其文，想其文德。世叹其质直，至如"欢然酌春酒"、"日暮天无云"，风华清靡，岂直为田家语耶？古今隐逸诗人之宗也。

这是很高的评价。他指出陶诗固然有"质直"的一面，也有"风华清靡"的一面；《文选》选陶诗凡九首，虽然不多，但钟嵘提及的均已在内，例如内有"欢然酌春酒"一句的《读山海经》其一、内有"日暮天无云"一句的《拟古》其七。陶渊明的《读山海经》和《拟古》都是组诗，萧统各选其一首，恰好都是钟嵘给予高评者，应非巧合，而是萧统接受了《诗品》营养的结果。又《诗品序》列举"篇章之珠泽，文采之邓林"时，提到"陶公咏贫之制"，《文选》亦复入选一首，正是《咏贫士》组诗中最优秀的那一首："万族各有托，孤云独无依。暧暧虚中天，何日见余晖。朝霞开宿雾，众鸟相与飞。迟迟出林翮，未夕复来归。量力守故辙，岂不寒与饥。知音苟不存，已矣何所悲。"这些例子可以证明萧统在选录陶诗时是充分注意到先前钟嵘的意见并有所吸收的。《文选》的选录标准中本来就有"翰藻"这一条，也正与钟嵘看重"风华清靡"完全合拍。

钱锺书先生说："刘勰与钟嵘为并世谈艺两大……勰、嵘于陶潜均非知音，勰且受知昭明，乃皆不为势利转移，未尝违心两舌；其文德虽未足以比范缜之于神灭，固胜萧子云之于钟蠑书矣"（《管锥编》第 4 册，中华书局 1979 年版，第 1450 页）。专就文德立言，大约乃是有感于当时"违心两舌"颇为常见的的情形而发，可惜与史事不合，刘勰、钟嵘之书均成于萧统占据高位并编辑陶渊明集之前，欲举未尝趋附权势违心两舌之例，刘勰、钟嵘皆非适例。钱先生在《谈艺录》的补订中自述他研究中国古代文学的路径说："……妄期亲炙古人，不由师授。择总别集有名家笺释者讨索之……以注对质本文，若听讼之两造然，时复检阅所引书，验其是非。欲从而体察属词比事之惨淡经营，资吾操觚自运之助。渐悟宗派判分，体裁别异，甚且言语悬殊，封疆阻绝，而诗眼文心，往往莫逆冥契。至于作者身世交游，相形抑末，余力旁及而已。"（《谈艺录》，中华书局 1984 年版，第 346 页）紧紧抓住文本本身探讨诗眼文心，自是高妙；但由于相对忽略作者身世交游方面的考订，有时就会出现判断上的失误，这里便是一个适例。

这样看来，刘勰、钟嵘虽然都算不上陶渊明真正的知音，但比较起来钟嵘对陶渊明的评价要高得多，也准确得多。刘勰理论上的思考非常深，涉及的面相当广；而钟嵘诗歌评论的意见更精彩，他主要是一位评论家而非理论家。

趣谈古人同姓名同字号

李晓燕

中国历史悠久，人物积累，难以计算，而用作姓氏名号的字极其有限，必然会出现同姓名、同字号的现象。

一、古籍中的同姓名现象

说到同姓名易混淆，先来读两句李白的诗（《系寻阳上崔相涣其二》）

> 毛遂不堕井，曾参不杀人。
> 虚言误公子，投杼惑慈亲。

据《西京杂记》记载："赵有两毛遂，野人毛遂堕井而死，客以告平原君。平原君曰：'嗟乎！天丧予矣。'既而知野人毛遂，非平原君客也。"此即"毛遂堕井"的典源，常用来比喻传闻不实。

《战国策·秦策》："昔者，曾子处费，费人有与曾子同名族者而杀人。人告曾子母曰：'曾参杀人。'曾子之母曰：'吾子不杀人。'织自若。

有顷焉，人又曰：'曾参杀人。'其母尚织自若也。顷之，一人又告之曰：'曾参杀人。'其母惧，投杼逾墙而走。夫以曾参之贤与母之信也，而三人疑之，则慈母不能信也。"这就是"投杼"和"谗言三及"的典故来源，比喻谣言众多，动摇了对最亲近者的信心。

从以上两则小典故中不难看出，同姓名现象在古代非常普遍。宋人洪迈在《容斋四笔·汉人姓名》中说："西汉名人如公孙弘、董仲舒、朱买臣、丙吉、王褒、贡禹，皆有异世与之同姓名者。《战国策》及《吕氏春秋》，齐有公孙弘，与秦王、孟尝君言者。明帝时，又有幽州从事公孙弘，交通楚王英，见于《虞延传》。高祖时，又有谒者贡禹。梁元帝时，有武昌太守朱买臣、尚书左仆射王褒。后汉安帝时，有太子厨监邴吉。"

据清吴翌凤《逊志堂杂钞》所记，两汉时有两王莽，两张禹，两贡禹，两京房，两上官桀，两王恢，两王章，两韩安国，两杜延年。这些同姓名者都见于史籍记载。

以下再举两例同姓名的趣事：

李定

宋王明清《挥麈前录》卷四记：李定字仲求，洪州人。晏元献（殊）之甥，文亦奇。欲预赛神会，而苏子美以其任子距之，致兴大狱。梅圣俞（尧臣）谓"一客不得食，覆鼎伤众宾"者。其孙即商老彭，以诗名列江西派中。又李定字资深，元丰御史中丞。其孙方叔正民兄弟，皆显名一时，扬州人。又李定，嘉祐、治平以来，以风采闻，尝遍历天下诸路计度转运使。官制未行，老于正卿。乃敦老如冈之祖，盖济南人也。同姓名者凡三人，世亦多指而为一，不可不辩。

　　此三李定中的两李定常被混淆，如俞樾在《茶香室丛钞》中引此文，就说字仲求的李定"此是害东坡之李定"。朱熹早就说："害苏子美者是一李定，害东坡者又别是一李定。"（《朱子语类》）字资深的李定为害苏东坡者，曾上书劾苏轼《湖州谢上表》，摘其语以为侮慢。因论苏轼"自熙宁以来，作为文章，怨谤君父，交通戚里。逮赴台狱穷治，当会赦，论不已，窜之黄州"。李定同姓名者三人，其中二李定陷二苏，后人易混一，至今许多文章将陷害二苏者混为一谈。

韩翃

　　唐孟棨《本事诗》记韩翃最详，亦为各书所本，云：李相勉镇夷门，又署为幕吏。时韩已迟暮，同职皆新进后生，不能知韩，举目为恶诗韩翃，翃殊不得意，多辞疾在家。唯末职韦巡官者，亦知名士，与韩独善。一日夜将半，韦叩门急，韩出见之，贺曰："员外除驾部郎中知制诰。"韩大愕然曰："必无此事，定误也。"韦就座曰："留邸状报，制诰缺人，中书两进名，御笔不点出，又请之，且求圣旨所与，德宗批曰：'与韩翃。'时有与翃同姓名者为江淮刺史，又具二人同进。御笔复批曰：'春城无处不飞花，寒食东风御柳斜。日暮汉宫传蜡烛，轻烟散入五侯家。'又批曰：'与此韩翃。'"韦又贺曰："此非员外诗也？"韩曰："是也，是知不误也。"质明，而李与僚属皆至。时建中初也。

　　德宗批与写"春城无处不飞花"的韩翃，是一段佳话，也足见《寒食》这首诗流传之广泛和其受到的赏识。

二、古籍中的同字号现象

古籍中同字号的现象更是层出不穷，同时代与不同时代都有诸多有趣的例证，以下聊举一二例。

永叔

宋代人称"小东坡"的唐庚，与苏东坡、欧阳修同时代人，在《唐子西集》中有《别永叔》诗一篇，人皆信"永叔"为"欧阳永叔"。清修《四库全书》时，馆臣考证欧阳修去世时，唐庚"方五六岁"，两人"断不相及"，怀疑此"永叔"非欧阳修，"或他人所作误入，抑别有字永叔者"，但又无法考定。清代藏书家陆心源见一旧抄本，《别永叔》原作《别句永叔》，此"永叔"非"欧阳永叔"，而是句永叔。陆氏考证"句为蜀中大族，宋初有句中正，则永叔当为子西乡里"，遂叹曰"若非抄本仅存，千古疑团莫释矣"。

韩退之与卫退之

韩愈，字退之，在他逝世十年后，白居易的《思旧》诗云："闲日一思旧，旧游如目前。再思今何在，零落归下泉。退之服硫黄，一病讫不痊。微之炼秋石，未老身溘然。杜子得丹诀，终日断腥膻。崔君夸药力，经冬不衣绵。或疾或暴夭，悉不过中年。惟予不服食，老命反迟延。"所忆四位服丹药而亡的友人中的"退之"显指韩愈。五代末宋初人陶谷《清异录》记："昌黎公愈，晚年颇亲脂粉。故事：服食，用硫磺末搅粥饭啖鸡男，不使交，千日烹庖，名'火灵库'。公间日进一只焉，始亦见功，终致绝命。"清人考据家钱大昕等怀疑以道统自任的韩愈不会如此荒唐而死，于是又考证出一个卫中立字退之的人来，举此人是"饵奇药求不死，而卒死"，一举还了韩愈清名。陈寅恪驳卫退之之说，说卫中立既非进士又非名人，白居易的诗不可有他，"诗中之退之，固舍昌黎莫属矣"，"此与唐代士大夫阶级风习至相符会故也"。韩愈服硫黄并不奇怪，钱大昕持陈腐之论也不奇怪，称奇之处在于同时还有一个喜服奇药而死的卫退之，还被钱氏生生拽了出来。

三、古籍中存在的误例

正因为同姓名、同字号现象的大量存在，在古籍中难免会有错讹之处。

《职官分纪》是宋人孙逢吉所著的一部辑录宋及宋以前各代职官沿革和仕林掌故的类书，《四库总目》记孙逢吉"字彦同、富春人。事迹具《宋史》本传。前有元祐七年秦观序"。并考孙逢吉举宋隆兴元年进士，到知太平州时距元祐七年则一百几十年矣，断元祐时秦观为之作序为谬误也。陆心源疑馆臣说不实，于是遍考各书，知宋时孙逢吉有三人：一蜀人，一吉州龙泉人，此两人《宋史》有传，均不言著有《职官分纪》。另一杭州富春人，字彦同，《浙江通志》有传，即著此书者。陆心源虽考出作者，而仍认为秦观序为伪托。中华书局影印此书时，冯惠民先生在"影印说明"中即采陆说。

唐代史籍记载人物众多，同姓名、同字号更易混淆。钱大昕《十驾斋养新录》卷一二列"唐人同姓名"易混者数人，甚至还有将不同时代的同姓名者误混的情况。今人傅璇琮、张忱石、许逸民编撰的《唐五代人物传记资料综合索引》，基本上注明了同名异人的人物，是一部研究唐五代人物非常有学术利用价值的参考书。

唐德宗朝有一周渭，字兆师，淮阴（今江苏淮安）人，先后于公元779年、780年获进士榜眼和武举第一名。周渭是为数不多的涉足文武双科举的进士之一。《全唐诗》收诗《赠龙兴观主吴崇岳》"楮为冠子布为裳，各得丹霞寿最长。……"按此诗非唐周渭作，而是宋初人周渭作（《赠龙兴观主吴崇岳》吴崇岳，宋初人。《诗话总龟》前集卷三〇引《郡阁雅谈》："吴崇岳，泉州人也，为龙兴观道士。……福建漕使周谓（渭）乃为诗赠云……太平兴国中诏入。"知此诗乃宋初周渭作，非唐德宗朝之周渭。详见《文史》第二十四辑陈尚君《全唐诗误收诗考》）。宋人周渭（为南汉宋初），字得臣，昭州恭城人，原籍连州。《全宋诗》存诗三首。建隆初年（960～963），因上书陈述时务，被召应试，赐同进士出身，授白马主簿。《宋史》卷三〇四有传。

再说周濆。周濆生平事迹无考。《直斋书录解题》卷一九著录《周濆集》一卷，已佚，《艺文志》也不载，称濆为唐人，出处不详。《全唐诗》收诗四首，《全唐诗续拾》收一首。《粤诗搜逸》卷一谓周濆是五代末至宋初昭州（今广西平乐）人，周渭之弟，未详所据。陈尚君据此考《全唐诗》误收渭弟为唐人，惜为孤证。此条虽为孤证，实足征信，所以《全宋诗》编者采纳了陈尚君的观点，将周濆入宋人。于是就出现了《全唐诗》《全宋诗》均收周濆诗，陈尚君考辑的补遗一首，既入《全唐诗补编》，又入《全宋诗补遗》。

此周濆有一《逢邻女》诗，无人不晓，诗曰："日高邻女笑相逢，慢束罗裙半露胸。莫向秋池照绿水，参差羞杀白芙蓉。"此诗被誉为唐代妇女风俗的真实写照，为述唐代风俗者津津乐道，而周濆已入唐代人名辞典及教科书。现学者考证周濆应宋人后，也有人据《邻家女》所述妇女露乳风俗，辨其不为宋人风俗，其实以世风度之，焉知宋初民妇无有此种风俗与装束。

以上为编辑过程中所得，与大家分享，趣谈之余我们仍需要依靠前人丰富的著作进行全面、科学地甄别，避免以讹传讹。以下略举可用来检索的同姓名书。南北朝时南朝的梁元帝萧绎编写一卷《古今同姓名录》，后由唐代陆善经续、元代叶森补，列古今同姓名者三百八十余个，共一千三百余人。明代余寅编《同姓名录》十三卷，列同姓名一千六百余个，计二千七百余人。清代汪辉祖编《九史同姓名略》七十二卷《补遗》四卷，辑录《旧唐书》至《明史》等正史中同姓名两万九千多人。清代刘长华编《历代同姓名录》二十三卷，辑录同姓名者八千余人，因取材涵盖了上古至明代各类书籍，哈佛燕京社 1931 年专为此书编制了一部《历代同姓名录引得》。1934 年北平好望书店出版的彭作桢编《古今同姓名大辞典》，则是根据上述等书编辑的，共收五万六千七百余人，依姓氏笔划编排，方便了查找。除此之外，还有许多涉及此类考辨的名家笔记杂著可资参考。

第三届"诗词中国"传统诗词创作大赛终审评议会召开

由中国出版集团公司、光明日报、中央电视台、中华书局、中华诗词研究院、中华诗词学会、人民网共同主办，中国移动通信集团协办的第三届"诗词中国"传统诗词创作大赛终审评议会在京召开，评选出本届大赛主赛及青少分赛绝句、律诗、词、古风四个组别的各项年度创作奖。

中华诗词研究院顾问、著名诗人、学者、书法家林岫，中国楹联学会会长、中华诗词学会诗书委员会委员蒋有泉，中国社会科学院文学研究所研究员陶文鹏，南京师范大学一级特聘教授钟振振，中华书局原副总经理沈锡麟，中华诗词学会副会长李树喜，中华诗词学会原副会长、《中华诗词》原副主编赵京战，中华诗词学会副会长林峰应邀参与了终评工作。

第三届"诗词中国"传统诗词创作大赛在五个月的投稿期内，共收到来自全国 31 个省、市、自治区和 10 个海外国家地区诗词爱好者的自发投稿 223543 首，是第二届大赛投稿数量的两倍。

目前，第三届"诗词中国"传统诗词创作大赛各组别年终创作奖名单已正式对外发布，用户可通过"诗词中国"官方网站 www.shicizhongguo.cn，手机客户端或微信公众号（shicizg）查看名单，并关注大赛及颁奖典礼后续进程。

（中版文化）

"卧薪" 新解

王若约

　　卧薪尝胆，一般被认为是描述越王勾践为雪耻发奋自励之事，然自王竹楼先生详细梳理文献，对勾践卧薪一事提出质疑后，基本证明了此说之不可信。[①]传世先秦典籍中并未见勾践卧薪的记载，因此这一故事很可能是后人虚造。

　　其实，"卧薪"一词久已有之，《三国志·华歆传》"抱火卧薪之喻于今而急"，《晋书·慕容暐载记》"宰相侯王迭以侈丽相尚，风靡之化积习成俗，卧薪之喻，未足甚焉"，都是指卧在易燃的柴草之上，比喻形势危急。这似与勾践"尝胆"情境不合。故《辞源》认为，"尝胆"讲述的是勾践的故事，并指出见《史记·勾践世家》及《吴越春秋·勾践归国外传》，而"卧薪"则"事不知所出"，辞例引苏轼《东坡集》续集九《拟孙权答曹操书》"仆受遣（引误，当作"遗"）以来，卧薪尝胆"，以及南宋刘克庄《后村集》二十五《春夜温故六言诗》"图霸卧薪尝胆，

---

① 王竹楼：《越王勾践卧薪说质疑》，《光明日报》1963 年 1 月 16 日第 4 版。

为农拾穗行歌"。①

按《辞源》所举苏轼文,后两句作"悼日月之逾迈,而叹功名之不立。"②另苏轼《富郑公神道碑》载,富弼向宋仁宗进言:"愿陛下思夷狄轻侮中原之耻,卧薪尝胆,不忘修政。"③这两例即目前所见最早将"卧薪"、"尝胆"联用的文献。足见该词北宋已是固定成语。苏轼可能不是最早的发明者。

上北宋两例未明确指出用典来源,稍晚,南宋时则多有将卧薪尝胆认作勾践事迹者。上刘克庄"图霸"外,如赵必愿上书"必如勾践之卧薪尝胆"。④华岳《翠微先生北征录·和议》:"越王勾践困辱于会稽之栖,卧薪尝胆十有八年","越人卧薪尝胆。"⑤黄震《黄氏日抄·读杂史·夷国世纪》:"豢吴之计蓄于卧薪尝胆之时。"⑥杜范《清献集·嘉熙四年被召入见第一札》:"必卧薪尝胆,使文种范蠡分任如越勾践。"⑦这些例子说明,"卧薪尝胆"刚成为习语之后,人们就将其默认作勾践一人之事。所以我们认为,"卧薪"、"尝胆"故事的主人公都是勾践,不过其文字传承过程中有讹变而已。

检《辞源》所引《吴越春秋》,原文有这样几句记载:

> 越王念复吴雠非一旦也,苦身劳心,夜以接日。目卧则攻之以蓼,足寒则渍之以水。冬常抱冰,夏还握火。愁心苦志,悬胆于户,出入尝之,不绝于口。⑧

① 《辞源》,商务印书馆,1998年,第2578页。
② 苏轼:《苏轼全集》文集卷六四,上海古籍出版社,2000年,第2043页。
③ 苏轼:《苏轼全集》文集卷一八,上海古籍出版社,2000年,第1003页。
④ 脱脱等:《宋史》,中华书局,1977年,第12411页。
⑤ 华岳:《翠微北征录》卷三,四川大学古籍整理研究所编《宋集珍本丛刊》(78),线装书局,2004年,第263页。
⑥ 黄震:《黄氏日抄》卷五三,《文渊阁四库全书》(708),台湾商务印书馆影印,1986年,第377页。
⑦ 杜范:《清献集》卷九,《文渊阁四库全书》(1175),台湾商务印书馆影印,第682页。
⑧ 周生春:《吴越春秋辑校汇考》卷八,上海古籍出版社,1997年,第135页。

 这段材料后来演出"抱冰""握火""尝胆"等几条成语。我们怀疑，所谓的"卧薪"，即由"握火"而来。盖"薪"指用作燃料之木柴，古代"薪"、"火"经常联用，如我们熟知的"抱薪救火"、"薪尽火传"以及上文的"抱火卧薪"等，故勾践"握火"故事在被引用时可能转为"握薪"。大胆猜测，这很有可能是辞章家为了平仄的需要，而作了改动。进而，"握薪"又因音近讹作"卧薪"。也有可能，勾践"握火"与"抱火卧薪"相涉而讹，变为勾践"卧薪"。恰"卧薪"与"尝胆"正好均可以表示苦身自励情境。这样，本来的"握火"就为"卧薪"替代了。

 宋代以前，即有"握火"与"尝胆"联用者，唐白居易《白氏六帖事类集》引《吴越春秋》作"越王欲报吴王，苦思劳心，夜以接日。夏热则握火，出入则尝胆"。①"卧薪""尝胆"二者对偶，正是合为四字成语的基础。宋去唐不远，此亦可给我们的推论一个间接的证明。

 还要说明的是，这里的"握火"，也不一定是指以手直接接触火苗。山东嘉祥武氏祠东汉画像石有榜题作"颜淑握火"者，画像主人公即手握燃薪。②勾践夏日握火，盖与之类似。

 在王竹楼先生对卧薪说提出质疑之后，舆薪先生曾提出一种意见，认为"卧薪"实出于上《吴越春秋》"目卧则攻之以蓼"，薪即"蓼薪"，卧薪即疲倦要睡的时候，利用蓼的苦味来刺激其目，以打消睡意。③然此说过于迂曲，将"蓼"与"薪"联系起来并无切实依据，且如此理解则"卧薪"不辞，故"蓼薪"说误。目前来看，"握火"说当是最合理的一种解释。

① 白居易：《白氏六帖事类集》卷一，文物出版社 1987 年影印本，第 16 页。
② 朱锡禄：《武氏祠汉画像石》，山东美术出版社，1986 年，第 47 页，图 45。
③ 舆薪：《"卧薪"别解》，《文史》第 3 辑，中华书局，1963 年，第 88 页。

总之，就文献材料看，"卧薪尝胆"自发明之初，就是指勾践一人之事，"卧薪"可能与"尝胆"一样取材于《吴越春秋》，它的出现与文中"握火"有关，为了配合"尝胆"，"握火"讹作"卧薪"，终至于本义迷失了。

《中华优秀传统文化经典推荐书目》正式发布

2017年5月31日，在"贯彻落实'两办'《意见》，让中华优秀传统文化走进书店——中华书局与图书发行界高层峰会"上，中华书局正式发布《中华优秀传统文化经典推荐书目》。

该书目共有233种，分为语言文学、思想、历史、科技生活四大类，是中华书局经过反复研讨后拟定的。首先，这是一份经典书目。中国典籍经典远远不止这些，书局只是挑选出能够展示中华民族核心思想理念、传统美德和人文精神，涉及中华文化各个层面的经典作品。其次，这是一份面向社会大众的推荐书目。它更像是一份读书指南，有心的读者可以此为参考，阅读学习更多的优秀作品。其三，这份书目是为了便于社会大众一般性理解而作的简单归类，目的是方便读者选择和阅读。

与此同时，为方便读者选好经典、学好经典、用好经典，中华书局立足民族原创，确保基本原典，兼顾历史传承与当代需求，隆重推出《中华优秀传统文化百部经典读本》。其中既有诸如《周易》《诗经》《论语》等代表儒家思想文化源头的"十三经"，又有像《老子》《孙子》《墨子》等体现学术思想异彩纷呈的诸子经典；既有诸如《史记》《资治通鉴》等记载民族历史的皇皇巨著，又有唐诗、宋词、《红楼梦》《三国演义》等展示文学风采的佳作名篇，可谓选取精要，涉猎广泛，堪称中华优秀传统文化经典的小型宝库。全套书定价2280元，册均定价22.8元。

（中 华）

黄灵庚《楚辞补注》校点琐议

吴钦根

南宋洪兴祖所撰《楚辞补注》，以其征引繁富、注释精审，向来被认为是继王逸《楚辞章句》后的最重要注本。此书宋刻早已失传，现今所能见到的本子均出于明刻，其中又分属两个系统：一是明翻宋本，民国间涵芬楼《四部丛刊》即据此影印；二是清康熙元年（1662）毛氏汲古阁刊本，后康熙间吴郡陈氏宝翰楼本、日本宽延二年（1749）皇都书林本、乾隆间纂修《四库全书》本、道光二十六年（1846）李锡龄辑刻《惜阴轩丛书》本、同治十一年（1872）金陵书局本及民国二十五年（1936）上海中华书局《四部备要》排印本，均出自此一系统。今黄灵庚先生以汲古阁原本为底本，重为校理，不失为一善举。

黄先生寝馈《楚辞》文献的整理与研究数十年，著有《离骚校诂》《楚辞章句疏证》《楚辞集校》《楚辞与简帛文献》等专书，又选编《楚辞》历代重要版本、名家批注及相关研究著述 200 余种，成《楚辞文献丛刊》(八十册)，亦可谓成绩斐然。此次点勘，黄先生云："平心定气，字斟句酌，务求正确无误。"①在具体操作中，又约以五事，包括订正字形、审辨字音反切、广泛吸收前贤校勘成果、明其注书体例、贡献一己所得，堪称完备，故于是书文字及音注等方面多所是正。然疏误之处，在所难免，今聊举数事，以就教于方家。

一、《文选注》为唐代别一种注本？

《补注》一书，征引《文选》注文处不少，其中涉及《文选音》、李善注、五臣注等各种不同注本，如果不明了其征引体例，则难免产生不必要的误解。黄氏点校前言云："《补注》征引《文选》有李善注、五臣注、《文选音》、《文选注》等，《文选音》、《文选注》，非出自李善注或五臣注，原是四种不同注本。……《补》曰引《文选注》云："卉，百草总名，楚人语也。"又，"载云旗"，《补》曰引《文选注》云："其高至云，故曰云旗。"《湘君》"石濑"，《补》曰引《文选注》云："石濑，水激石间，则怒成湍。"《涉江》"带长铗"，《补》曰引《文选注》云："铗，刀身，剑锋也。有长铗、短铗。"《思美人》"竚眙"，《补》曰引《文选注》云："伫眙，立视也，今市聚人谓之立眙。"《远游》"招玄武"，《补》曰引《文选注》云："龟与蛇交曰玄武。"《卜居》"突梯滑稽"，《补》曰引《文选注》云："突，吐忽切，滑也。"案：以上注义，皆不见《文选》李善注或五臣注，当是唐世别一种注本。而中华本皆标作"《文选》注"，"注"字在书名外。误也。事实是否如其所说呢？

今考所列诸条，实多见于《文选》李善注本。其中"卉，百草总名，楚人语也"见《文选》卷五左思《吴都赋》"卉木肆蔓"下刘渊林注；

① ［宋］洪兴祖撰，黄灵庚校点《楚辞补注》，《前言》，上海古籍出版社，2015年，第29页。

"载云旗"条见《文选》卷三张衡《东京赋》"云旗拂霓"下薛琮注，原作："旗，谓熊虎为旗，为高至云，故曰云旗。"①《湘君》"石濑"条见《文选》卷六左思《魏都赋》张载注，原作："石濑，湍也。水激石间，则怒成湍。"②《涉江》"带长铗"条见《文选》卷五左思《吴都赋》"毛群以齿角为矛铗"下刘渊林注③；《思美人》"竚眙"条见《文选》卷五左思《吴都赋》"士女伫眙"下刘渊林注④；《远游》"招玄武"条见《文选》卷十五张衡《思玄赋》"玄武缩于壳中兮，腾蛇蜿而自纠"下旧注⑤；《卜居》"突梯滑稽"条，不详。除以上诸条外，另有《离骚》"羌内恕己以量人兮"句，《补》曰引《文选》注云："羌，乃也。"此出《文选》卷十一王延寿《鲁灵光殿赋》"羌瑰谲而鸿纷"下张载注，原作："羌，辞也。羌，亦乃也。"⑥又"倚閶阖而望予"句，《补》曰引《文选》注云："閶阖，天门也。王者因以为门。"此亦出《文选》卷十一王延寿《鲁灵光殿赋》"高门拟于閶阖"下张载注。⑦核之《补注》一书，凡引李善注，或称"李善曰"，或称"李善云"，或"李善引"，以上各条，所引虽皆出李善注本，但无一例外，均为旧注，故另书"《文选》注"以别之。⑧可知非有所谓"唐世别一种注本"。中华本作"《文选》注"，当不误。

---

① 〔梁〕萧统编，〔唐〕李善注《文选》，上海古籍出版社，1986年，第1册，第107页。
② 〔梁〕萧统编，〔唐〕李善注《文选》，第1册，第272页。
③ 〔梁〕萧统编，〔唐〕李善注《文选》，第1册，第225页。
④ 〔梁〕萧统编，〔唐〕李善注《文选》，第1册，第219页。
⑤ 〔梁〕萧统编，〔唐〕李善注《文选》，第2册，第667页。
⑥ 〔梁〕萧统编，〔唐〕李善注《文选》，第2册，第510页。
⑦ 刘向《九叹·愍命》"挟人筝而弹纬"句，《补》曰："《文选》注引'挟秦筝而弹徽'。"此见《文选》卷四十二吴质《答东阿王书一首》"秦筝发徽"句下李善注引《楚辞》，然卷八潘岳《笙赋》"况齐瑟与秦筝"下、卷二十四曹植《赠丁翼一首》"秦筝发西气"及卷二十七曹植《乐府四首》"秦筝何慷慨"下李善注所引均作"挟秦筝而弹征"，又《文选》卷三十四曹植《七启》"弹征则苦发"、卷三十五张协《七命》"挟秦筝而弹征"，并作"弹征"，"征"为五音之一，于字义亦顺，作"徽"者，疑乃"征"字之形近而误。然此处所引乃李善注，《补注》引李善注，或称"李善曰"，或称"李善云"，或"李善引"，此为李善注而称"《文选》注"，于例不合，不知是洪氏误记，抑或此"注"乃泛指？
⑧ 又有正文与注文同引者，而两相分离者，其中所引注文或出旧注，或出李善，不能划一。如《离骚》"纫秋兰以为佩"句，《补注》引："《文选》云：'秋兰被涯。'注云：'秋兰，香草。生水边，秋时盛也。'"此出旧注，然《九歌·河伯》"乘白鼋兮逐文鱼"句，《补》曰："《文选》云：'腾文鱼以警乘，'注云：'文鱼有翅膀，能飞。'"及《大招》"青春受谢"句，《补》曰："《文选》云：'阴谢阳施，'注引此语。"均出李善。

二、校理失当

以下所列，有作者行文疏误，有作者校勘误判，有《补注》原书久误，而未经举正者，姑以所见，条举数例：

1. 《宋史·艺文志》录其著作有：《易古经考异》一卷《释疑》一卷，《书义发题》一卷，《论语说》十卷，《续史馆故事录》一卷，《韩愈年谱》一卷，《韩文年谱》一卷，《圣贤耳目》一卷，《杜诗辨证》二卷。（前言，页2）

按：考《宋史·艺文志》著录洪兴祖著述有：《易古经考异》、《释疑》一卷，《口义发题》一卷，《论语说》十卷，《续史馆故事录》一卷，《韩子年谱》一卷，《韩愈年谱》一部（注云："卷亡"），《圣贤眼目》一卷，又《语林》五卷，《补注楚辞》十七卷《考异》一卷，《韩文年谱》一卷《韩文辨证》一卷，《杜诗辨证》二卷。而黄氏此段所录洪氏著述，不仅多所缺略，更于书名卷数多所讹误。如《易古经考异》及《释疑》合为一卷，而此各为一卷；《口义发题》即《尚书口义发题》，不得作《书义发题》；《圣贤眼目》①误为《圣贤耳目》。不知何故。

2. 郭恭义云：赤叶。（页5）

按：郭恭义当是郭义恭之误倒。郭义恭，生卒年代不详，据王利华《郭义恭〈广志〉成书年代考证》一文，当为北魏时人②。著有《广志》二卷，《隋书》卷三十四《经籍志》著录，云："《广志》二卷，郭义恭撰。"③《新唐书》卷五十九《艺文志》同。其书早佚，今散见于唐宋类书如《初学记》、《艺文类聚》、《北堂书钞》、《太平御览》者颇夥。此条又见《史记》卷

---

① ［宋］陈振孙《直斋书录解题》卷十杂家类著录云："《圣贤眼目》一卷，曲阿洪兴祖庆善撰。摘取经子数十条，以己见发明之。"见徐小蛮、顾美华点校《直斋书录解题》，上海古籍出版社，2015年，第311页。
② 王利华《郭义恭〈广志〉成书年代考证》，《文史》，中华书局，1999年，第3辑（总第48辑），第148页。
③ ［唐］魏征等撰《隋书》，卷三十四，中华书局，1997年，第4册，第1007页。

一百十七《司马相如列传》"江离麋芜"下司马贞《史记索隐》引，及《汉
书》卷五十七《司马相如传》"江离靡芜"下颜师古注引"郭义恭云：
'江离，赤叶。'"①均可为证。《补注》引《广志》凡四条，除此条称
作者外，其余三条皆称书名，如《离骚》"岂维纫乎蕙茝"下引"《广
志》云：蕙草，绿叶紫花。"②又"吾令鸩为媒兮"下引"《广志》云：
其鸟大如鸮，紫绿色，有毒，食蛇蝮。雄名运日，雌名阴谐。以其毛
历饮卮，则杀人。"③《九章·哀郢》"狐死必首丘"下引"《广志》曰：
狐死首丘，豹死首山。"④可证。

3. 退，去也。言己诚欲遂进，竭其忠诚，君不肯纳，恐重遇祸，
故将退去，修吾初始清洁之服也。（页25）

按："故将退去"，原作"故将复去"。黄氏校勘记云："退，原作复，
据《楚辞集校》改。案：退，古作復，与复形近易讹。"又《前言》云：
"《补注》引一无'复'字。案：王注云云。复去云云，即退去之讹。退，
古作復，与复形似。《文选·思玄赋》'修初服之婆娑兮'，李善注引《离骚》
无'复'字，则存其旧本。"明翻宋本及汲古阁原刊本均作"复"，此以
"退"改"复"，似嫌理据不足。退、复形近易讹，未可言已讹，更不得
以意妄改。考《文选》卷十五《思玄赋》李善注所引作"复"，黄氏云无，
不知何据。又《文选》卷三十二《离骚》"退将复修吾初服"下李善注
引王逸注正作"复"。且以文义核之，此处亦当作"复"。王逸已解"退"
为"去"，若"复"改"退"，不仅词义重复，且正文"复"字在注中亦
无着落，必不然也。又王逸屡言"复去"，如《离骚》"怀朕情而不发兮，
余焉能忍与此终古"下注云："言我怀忠信之情，不得发用，安能久与

① ［汉］班固撰，［唐］颜师古注《汉书》，中华书局，2010年，第8册，第2537页。
② ［宋］洪兴祖撰，黄灵庚校点《楚辞补注》，第11页。
③ ［宋］洪兴祖撰，黄灵庚校点《楚辞补注》，第48～49页。
④ ［宋］洪兴祖撰，黄灵庚校点《楚辞补注》，第207页。

此闇乱之君，终古而居乎？意欲复去也。"①《九怀·思忠》"毕休息兮远逝"句注云："周徧留上而复去也。"②而"退去"无一见。均可为证。

4. 《说文》：軿车前衣。车后为辎。（页320）

按：《补注》此处引《说文》原作："辎，軿车前、衣车后也。"黄氏据段玉裁《说文解字注》改，误。考王筠《说文释例》云："辎下云：軿车前、衣车后也。軿下云：辎小徐作辒车也。《文选·任彦升策秀才文》、刘孝标《广绝交论》注引'軿车前、衣车后为辎'，与今《说文》同词，而段氏横加'也'字，遂绝'车后为辎'作一句，岂可通乎？盖辎軿两车相似，而有不同，故曰其前如軿车，其后如衣车，则谓之辎也。《后汉·舆服志》注引《字林》云：'軿车有衣蔽无后辕者谓之辎也。'段氏所引《宋书礼志》引《字林》'軿车有衣蔽无后辕，其有后辕者谓之辎'，然则所谓軿车前者，谓其有衣蔽也，衣车后者，谓其有后辕也，惟其皆有衣蔽，故軿下云辎车也，不复区别。《左·定九年传正义》总引之曰：'辎軿衣车也'，乃隐括其词，不得据以改说文。"③又孙诒让《与海昌唐端夫文学仁寿论说文书》云："车部，辎，軿车前、衣车后也。段校依《左传·孔疏》、《文选注》改为'辎軿，衣车也，軿，车前衣也，车后为辎。'案：此不当改。汉时有辎车、軿车、衣车三者，制盖略相类，故下文云：'軿辎车也'，段校改'辎軿也'，亦非。《后汉书·梁冀传》李注引《苍颉篇》又云：'軿衣车也。'《释名·释车》云：'辎軿之形同，有邸曰辎，无邸曰軿。'《宋书·礼志》引《字林》云：'軿车有衣蔽无后辕，其有后辕者谓之辎。'明其形大同，惟以前后衣蔽及开户为别异。盖辎车后面开户。《周礼·巾车》郑注云：'辎车后户是也，軿车则四面有衣蔽。'故《释名》

---

① ［宋］洪兴祖撰，黄灵庚校点《楚辞补注》，第51页。
② ［宋］洪兴祖撰，黄灵庚校点《楚辞补注》，第461页。
③ ［清］王筠《说文释例》，卷二十，中华书局，1987年，第490～491页。

云：'軿车，軿，屏也，四面屏蔽，妇人所乘牛车也。'是前后皆不开户矣。若衣车则后有衣蔽而前开户，可以启闭，与辎车正相反。故《释名》云：'衣车前户所以载衣服之车也。'若然，辎车前有衣蔽，有似軿车，而后有开户，又似衣车，故许云：'軿车前、衣车后'也，段氏不解，乃妄为窜易，失之远矣。"[1]是。作者不察，以不误为误。

5. 徐朝《七喻》云：云鸽水鹄，禽蹯豹胎。（页360）

按：徐朝当作徐幹。《艺文类聚》卷五十七杂文部三及《北堂书钞》卷一百四十二酒食部一所载均作徐干《《七喻》，又《文选》卷十一、十三、五十六李善注所引同。作"朝"者盖形近而误。

三、标点疏误

黄氏在校点过程中，亦不乏标点失当之处，仅就所见，条举数则，以见一斑：

1. 《帝系》曰："颛顼娶于腾隍氏女而生老僮，是为楚先。其后，熊绎事周成王，封为楚子，居于丹阳。……"（页4）

按："其后"不当读断，此言熊绎为老僮之后，乃后裔之后，非后世之后。

2. 颜师古云："舍，尸夜切，训止息人之屋舍及星辰次舍，其义皆同。……"（页13）

按："训止息人之屋舍及星辰次舍"一句当断为"训止息、人之屋舍及星辰次舍"，乃"舍"之三训。

3. 羌，楚人语词也，犹言"卿"，何为也。（页17）

---

[1] 孙诒让《与海昌唐端夫文学仁寿论说文书》，见雪克校点《籀庼述林》卷十，中华书局，第317～320页。

按："卿"字不当加引号，亦无须读断。当作"犹言卿何为也"。

4．《苏鹗演义》（页 134、147、321、396）

按：此当作"苏鹗《演义》"，苏鹗为作者名，《演义》方为书名。是书《新唐书》卷五十九《艺文志》著录，云："苏鹗《演义》十卷，又《杜阳杂编》三卷。"小注云："字德祥，光启中进士第。"[①]可证。《补注》凡四引此书，此本均误标"《苏鹗演义》"，中华本唯《七谏·沉江》"伯夷饿于首阳"句下标作"苏鹗《演义》"，其余三处亦误，当正之。

除此之外，其中亦不乏旧误为前人指出而未加采纳者，如《招魂》"结琦璜些"句，注云："……绮，一作奇。补曰：琦，玉名。璜，半璧也。"正文作"琦"，注文不当作"绮"；又"撠尘垢之枉攘兮"句，注云："枉攘，乱貌。撠，一作慨。一作狂攘，一作枉攘。撠，涤也。"其中"一作枉攘"不当与正文同，明翻刻宋本作"壤"；又"兰膏明烛"句，注引："五臣云：似兰测膏，取其香也。"其中"似"字当是"以"字之误。又标点有误者，如："成枭而牟，呼五白些。"句，注引"《列子》云：……说者曰：'凡戏争能取中皆曰射，明琼齿，五白也。'"当断为"凡戏争能取中皆曰射，明琼，齿五白也。"又"观天火之炎炀兮，听大壑之波声。"句，补注云："炀，以让切。炙，燥也。""炙燥也"三字不当点断。此等闵丰《〈楚辞补注〉校点举正》一文均已指出，当据改而失改，不知何故。此类尚多，不备举。

① ［宋］欧阳修、宋祁等《新唐书》，中华书局，1975 年，第 5 册，第 1541 页。

《龙川略志》辨误五则

袁津琥

近因研究需要，时时取阅中华书局 1982 年版《龙川略志》校读，遇有异见，则泚笔记之。今试摘取数条，以为芹献。

1. 卷二《赵生挟术而又知道》：予曰："生故游何处？"曰："吾尝至泰山下，所见与《世说》地狱同。君若见此，归当不愿仕矣。"予曰："何故？"生曰："彼多僧与官吏，僧逾分吏囊物故耳。"（9 页）

俞宗宪《校勘记》：本句难解，疑有脱误。

按："囊"当是"暴"字之误。苏辙《栾城集》卷二十五《丐者赵生传》即作："生曰：'彼多僧与官吏。僧逾分，吏暴物故耳。'"谓当时僧徒每逾越所得界分，官吏凌暴他人；故至地狱受苦。中华本因所据涵芬楼本有误字，致标点亦误。

2. 卷四《江东诸县括民马》：予谓县尉惇愿曰："广西取马使臣未至，事忌太遽，徐为之备可也。吾邑孰为有马者？"（22 页）

按：本条宋罗愿《新安志》卷五作"县尉郭惇愿"。苏辙《栾城集》卷十四有《郭尉愿惇夫以琳上人书诗为示次韵》一诗，则郭尉名愿，字悙夫。疑本条与罗愿《新安志》"悙"字后，均脱一"夫"字。

3. 同条：又曰："何从得马牙人乎？"曰："召猪牙诘之，则马牙出矣。"果得曾为人卖马者，辞以不能。（22 页）

俞宗宪《校勘记》："猪牙"，宋淳熙《新安志》卷五作"诸牙"。

按：宋罗愿《新安志》作"诸牙"是，当从。"诸牙"者，谓诸牙人也。牙人，旧时居于买卖双方之间，从中撮合，以获取佣金之人。后之"马牙"，即谓从事马匹交易之居间人。唐薛用弱《集异记·宁王》："宁王方集宾客燕话之际，鬻马牙人曲神奴者，请呈二马焉。"

4. 卷五《不听秘法能以铁为铜者》：有商人自言于户部，有秘法能以胆矾点铁为铜者。……其人黾俛而出，即诣都省言之。诸公惑之，令试斩马刀，厥后竟不成。（27 页）

俞宗宪《校勘记》："厥"原作"所"，据傅本改。

按：傅本误，不当据改。此当标点做"诸公惑之，令试斩马刀所，后竟不成"。"斩马刀所"，又称"斩马刀局"，隶工部军器监，为东西作坊五十一作之一。李焘《续资治通鉴长编》卷二百六十四《神宗》："（熙宁八年五月）丁丑……御史蔡承禧言：'臣访闻自昔军器，惟莅三司胄案一局，近岁遂立军器监以专之。自昔修造之局，惟莅三司案，而近岁以将作监专之。故三司之财用，固已多为二局之所靡。然以已成官局，粗有条理，日月寖深，不可移改。而又闻有鞍子所、斩马刀所、御前生活所之类，凡百司之所取索，至物用之所经营，所莅不领于外廷，而所靡实难于会计。访闻其间，不过制造军器而已。夫所谓御前者，讲道德于上，决邪正于下，厘天工，熙庶绩，乃其地也。以今生活工巧而悉出于上，则御前之所为何小！兼小臣动以御前为名，百司莫敢违拒，工料过有罢劳，斩马刀之局杀监官者数矣。盖由小臣献议，因令莅之日趣工程不计劳弊。臣伏乞授以法式，悉付所司，庶使课定之科，皆有常限，财不耗糜，人寡劳怨。"

5.《龙川别志序》：贡父尝与予对值紫徽阁下，喟然太息曰："……"（67 页）

按："紫徽阁"当作"紫微阁"，亦作"紫薇阁"。唐开元元年十二月，改中书省为紫微省，中书舍人为紫微舍人。李焘《续资治通鉴长编》卷一百二十二《仁宗》："（宝元元年秋七月）庚戌，新作舍人院紫薇阁，上亲篆其榜。"《宋史》卷三百十九《刘攽传》："至蔡数月，召拜中书舍人，请复旧制，建紫薇阁于西省，竟以疾不起，年六十七。"可证。

中华书局新出两部评书文本

近日，中华书局新出两部评书文本，即《连阔如中短篇评书集锦·精忠说岳（外五种）》和《评书三国演义（一）·汉末风云》。前者包括《精忠说岳》（片断）、《恶虎村》、《恶虎庄》、《五女捉兰》、《三打韩通》和《逍遥王》六部中短篇评书。除《逍遥王》是《东汉演义》续书，为贾建国、连丽如著述外，其他五部均系挖掘整理连阔如民国时刊登在各报刊上的评书秘本。后者是连丽如每周六下午在北京评书宣南书馆现场评说《三国演义》第一部分的合集，共30回，由十常侍作乱起，到刘备坐镇徐州结束。每回均附二维码，读者扫码后，可一边阅读文本，一边收听现场评书。

（大 众）

《邵氏闻见录》"始旧更"校札

归学农

　　《邵氏闻见录》，宋人邵伯温撰。其自序云："伯温蚤以先君子之故，亲接前辈，与夫侍家庭，居乡党，游宦学，得前言往行为多。以畜其德则不敢当，而老景侵寻，偶负后死者之责，类之为书，曰《闻见录》，尚庶几焉。"内有关涉欧阳修者六条，其一载于卷一五，云："本朝古文，柳开仲涂、穆修伯长首为之唱，尹洙师鲁兄弟继其后。欧阳文忠公早工偶俪之文，故试于国学、南省，皆为天下第一；既擢甲科，官河南，始得师鲁，乃出韩退之文学之，公之自叙云尔。盖公与师鲁于文虽不同，公为古文则居师鲁后也。如《五代史》，公尝与师鲁约分撰，故公谪夷陵日，贻师鲁书曰：'开正以来始似无事，始旧更前岁所作《十国志》，盖是进本，务要卷多，今若便为正史，尽合删削，存其大者。细小之事虽有可纪，非干大体，自可存之小说，不足以累正史。'"欧书所载"始旧更"三字费解，窃意文字有疑。

　　《邵氏闻见录》旧有中华书局整理本（李剑雄、刘德权点校，1983年版），系以涵芬楼夏敬观校印本为底本，"诸宋、元、明本俱从夏校本转校，又补校以《津逮》本及《学津》本，以及李焘《续资治通鉴长编》中所引者，比勘异同，择善而从，供读者参考焉"（第5～6页），然则

"始旧更"三字未见异文，其后三秦出版社整理本（康震校注，2004 年版，第 198 页）及上海古籍出版社整理本（王根林点校，2012 年版，第 88 页）同之，另曾枣庄《宋代文学编年史》（凤凰出版社 2010 年版，第 434 页）、祝尚书《宋才子传笺证》（北宋前期卷，辽海出版社 2011 年版，第 389 页）引此亦无置疑，因而无从索解。

所幸欧书尚载《欧阳文忠公文集·外集》卷一七（四部丛刊初编本，上海书店 1989 年版），题为"同前"，即与尹师鲁第二书，"始旧更"实作"治旧史"，盖讹"治"为"始"，继讹"史"为"更"。乃悟孙诒让《札迻·自序》所谓"每得一佳本，晨夕目诵，遇有钩棘难通者，疑牾累积，辄郁轖不怡。或穷思博讨，不见端倪，偶涉它编，乃获塙证，旷然昭寤，宿疑冰释，则又欣然独笑"（中华书局 2009 年版，雪克、陈野点校，第 1 页），信非虚语。另者，为了通畅文义，《邵氏闻见录》引文之断句宜改作："开正以来始似无事，治旧史。前岁所作《十国志》，盖是进本，务要卷多，今若便为正史，尽合删削，存其大者。"

沈括《梦溪笔谈》卷一四云："书之阙误，有可见于他书者。"（胡道静校证，上海人民出版社 2011 年版，第 374 页）故而陈垣《校勘学释例》"校法四例"内有"他校"一法，"他校法者，以他书校本书。凡其书有采自前人者，可以前人之书校之，有为后人所引用者，可以后人之书校之，其史料有为同时之书所并载者，可以同时之书校之。此等校法，范围较广，用力较劳，而有时非此不能证明其讹误"（中华书局 1959 年版，第 146～147 页）。以上"始旧更"之校"治旧史"，便是其例。

忆朱维铮先生主编"中国近代学术名著"，不惟要求互勘异本，而且强调复核引文，凡原著之约引或节引与出典差异较大者并出校记。今之从事古籍整理者倘亦在校雠之时稍复核一下出典之引文，其疑误或庶几可免。

《新见〈唐寂照和尚墓志〉考释》补正

钱汝平

　　最近，在《文博》2016年第1期上读到了张岩同志的《新见〈唐寂照和尚墓志〉考释》一文。该文对新发现的一方全称为"崇敬寺故临内外坛大德寂照和尚墓志文并序"的唐代墓志作了释文，并对墓主寂照和尚的家世生平作了考释。正如张岩同志指出，这是一方很重要的墓志，不仅记载了寂照和尚本人的详细情况，而且还提及了寂照和尚所属崔氏家族的精英分子，为我们研究唐代中期女性与佛教的关系提供了宝贵的资粮。特别是寂照和尚，因为是女性，家族世系中不会记载，《续高僧传》也未提及，所以弥足珍贵。从这个意义上来说，张岩同志的考释是很有意义的。然而，笔者发现张岩同志的释文在释读、标点等方面的可议之点有十余处，降低了这通唐代墓志的文献利用价值，故不辞谫陋，草此小文，稍事补充，权作补白，以求教于方家。

　　1. 建以灵塔遵像，教也。（第7行）

　　按：标点错误。应标点为："建以灵塔，遵像教也。"像教指佛法，唐刘得仁《送智玄首座归蜀中旧山》诗："像教得重兴，因师说大乘。"

例多不备举。盖佛教规定僧人火化后须建塔安置骨灰舍利，故墓志如此云。

2. 遂□□于崇敬，萨大德受具于宝应，敬僧录听律义于慈恩。座主学心地，□□善宽禅师四上人者，皆后学之蓍龟，法门之龙象。（第12～15行）

按：首先，释字有误。"萨"乃"薛"字之误，因"萨""薛"俗书字形相近，故而致误；又，"心地"须加书名号，因为《心地》乃《大乘观心地经》的简称。其次，标点错误。应标点为："遂□□于崇敬薛大德，受具于宝应敬僧录，听律义于慈恩琁座主，学《心地》□□善宽禅师。四上人者，皆后学之蓍龟，法门之龙象。"再次，释读有脱。"遂"字下两字虽左边漫漶，但右边清晰可辨，当是"依止"二字；"善"字前两字虽略有漫漶，但也能大体辨识，是"于（於）兴"二字。僧录就是僧录司，是管理佛教事务的机构。敬僧录，是一个名叫敬的当过僧录一类僧官的和尚。兴善就是唐代长安著名寺院大兴善寺，不必辞费。这段话是说：寂照和尚刚开始时皈依于崇敬寺薛大德，后在宝应寺敬僧录处受具足戒，又曾在慈恩寺琁上座处听讲戒律，又曾向兴善寺的宽禅师学习《大乘观心地经》。因此，这段文字准确的释文和标点应是："遂依止于崇敬薛大德，受具于宝应敬僧录，听律义于慈恩琁座主，学《心地》于兴善宽禅师。四上人者，皆后学之蓍龟，法门之龙象。"

3. 和尚神闲机敏，□识洽闻。（第15～16行）

按：所缺字虽右边略有漫漶，但大体尚可辨识，是"默"字。所谓默识，就是默而识之，形容记性好。

4. 诸长老靡不叹尚许其太成。（第16行）

按：标点有误，当标为："诸长老靡不叹尚，许其太（大）成。""叹尚"同义连文，就是赞叹之意。太、大通用。

5. 每言曰:教云之宗，非无次第，在于护持戒律，调伏身心。（第17行）

按:"教"下之字非"云"字，此字左半已漫漶，残缺的右半部分似是"云"字，但据整个字形看来，绝非"云"字，当是"法"字。佛法有教法、证法之分，所谓教法，通俗地讲，就是佛陀对世人的思想教育之法，如人乘、天乘、声闻乘、缘觉乘、菩萨乘的五乘教法就是。

6. 然后开方便之门，入惠觉路。（第18行）

按:细核拓本，"之"字原无，应删。方便门、惠（慧）觉路，相对成文，十分妥帖。

7. □□之旨，吾当奉之。（第19行）

按:所缺第二字上部虽稍有残损，但尚可辨识，当是"达（達）"字。

8. 每摄受者，风规肃然。（第20行）

按:细核拓本，"受"字下尚有一字，然因残缺过甚，不易辨识，当以□出之。此字疑是"众（眾）"字。

9. 位号□崇，不以屑意。（第21行）

按:所缺字虽已漫漶，但整个字形尚可略辨，是"虽（雖）"字。这句是说寂照和尚虽然地位隆高，但她不以为意。

10. 其道德感人也。如此遗命，以素轝载丧，不事华饰。（第23～24行）

按:标点有误，应标点为:"其道德感人也如此。遗命以素轝载丧，不事华饰。""其道德感人也如此"，意谓寂照和尚的道德如此感人，阅读时"也"字下略作停顿。

11. 简俭□制，垂于理□。（第24行）

按:所缺第一字略可辨识，是"之"字。所缺第二字虽有残损，但整个字形略可辨识，当是"书（書）"字。所谓理书，当是治书，因避唐高宗讳而改。治书是指寂照和尚临终时留下的交代后事的书信。古人称人死前神智清醒时的遗嘱为治命，则治书亦与此略同。

12. 自□及长，亲承诲谕……（第 25 行）

按："自"字上脱一"戒"字，"戒"是作者崔戒自称。所缺字虽已漫漶，但尚可辨识，是"幼"字。

13. 今谨其日月，志于泉户，以□陵谷而已。（第 26 行）

按：所缺字虽已漫漶，但尚可辨识，是"虞"字。"虞陵谷"是说担心陵谷变迁，事迹湮没无闻。

14. □立毗尼，摄护之门。（第 28 行）

按：所缺字下半残损，上半尚好，从上下文推测，当是"爰"字，"爰"为发语词，并无实义，若定要翻译，可释作"乃""于是"。毗尼是律的音译，佛教多有"严净毗尼"之说。所谓爰立毗尼，就是接受并建立戒律之意，因为佛教强调以戒为师，戒律是摄持身心的门户。

15. 戒珠既圆，禅习□□。（第 30 行）

按：所缺二字左半残损，但右半可识，当是"是敦"二字。这句是说寂照和尚不但持戒精严，而且深于禅学。

为使读者能阅读利用这方墓志，笔者在参考张岩同志释文的基础上，谨将释文重新整理一过：

崇敬寺故临内外坛大德寂照和尚墓志文并序

侄朝散大夫行尚书吏部员外郎上柱国赐鱼袋戒譔

维唐宝历元年龙集乙巳四月十日，崇敬寺临内外坛大德曰寂照和尚终于本寺。享年七十三，僧腊五十二。粤以其月三十日迁座于万年县高平乡凤栖原。建以灵塔，遵像教也。和尚，博陵崔氏。皇曾祖讳昇，国朝刑部侍郎，尚书右丞。皇祖讳璘，同州刺史，河东采访使。皇考讳婴，刑部郎中，出牧郢州。和尚即郢州府君之季女。道识高妙，襟灵粹远。年在髫龀，有成人之姿。宗族姻党，咸所嘉重。而夙植因果，早悟真如。坚求出家，志不可夺。遂依止于崇敬薛大德，受具于宝应敬僧录，听律义于慈恩琁座主，学《心地》于兴善宽禅师。四上人者，皆后学之蓍龟，法门之龙象。和尚神闲机敏，默识洽闻。同时听受，莫与为比。诸长老靡不叹尚，许其太（大）成。每言曰："教法之宗，非无次第，在于护持戒律，调伏身心。精进为弘道之资，修行为证入之渐。必俟利根成熟，法性圆明，然后开方便门，入惠（慧）觉路。□达之旨，吾当奉之。"住持本寺五十年，造次必以轨仪自处。每摄受□者，风规肃然。虽年辈宿德，亦加严惮。寺宇之内，奉为指南。位号虽崇，不以屑意。寝疾斯久，精持不衰。迁化之日，法侣二部众，无不堕泪相吊，其道德感人也如此。遗命以素轝载丧，不事华饰。简俭之制，垂于理书。弟子弘一、元真、弘济等哀奉先旨，教无违者。戒自幼及长，亲承诲谕，备详德善，纪在塔铭。今谨其日月，志于泉户，以虞陵谷而已。文曰：

圣人有言，因戒澄源。爰立毗尼，摄护之门。吾师奉行，□□□□。□□□进，外穷讨论。戒珠既圆，禅习是敦。万法应舍，澹然归根。□□□□，□□□□。报身示灭，法性长存。饰终有制，用约无喧。宁神于此，永永鲜原。

由于佛学知识的欠缺，导致张岩同志对这通墓志释读、标点的错误；再由于对墓志释读、标点的错误，进一步导致张岩同志在具体阐述时产生郢书燕说的情况。如墓志云寂照和尚"享年七十三，僧腊五十二"，而她又卒于宝历元年（825），张岩同志据此得出寂照和尚是大历九年（774）在崇敬寺皈依佛门，时年二十二岁的结论。殊不知皈依佛门与僧腊根本就是两回事，僧腊是僧尼受具足戒后的年岁。寂照和尚是二十二岁在宝应寺敬僧录处受具足戒后正式成为比丘尼的，在此之前她虽已出家，因未受具足戒，只能称沙弥尼。这两者是有本质区别的。因此寂照和尚的出家应在二十二岁之前，即在崇敬寺依止薛大德时就已经算出家了。随便举个例子。释赞宁《宋高僧传》卷七《宋齐州开元寺义楚传》记载义楚七岁依叔父修进法师出家，开宝中终于龙兴寺，俗寿七十四，法腊五十四。这说明他二十岁受具足戒正式成为比丘，而事实上他是七岁出家的，在七岁至二十岁这段时间，他因未受具足戒，只能称沙弥。这种材料在历代僧传中可谓触目皆是，不必枚举。寂照和尚的情况也应作如是观。

另外，张岩同志指出唐代有两个寂照和尚，年代也比较接近，但此寂照非彼寂照，因为此寂照是比丘尼，而彼寂照是比丘，此寂照俗姓崔氏，彼寂照俗姓庞氏，咸阳博物馆有彼寂照的《大唐安国寺故内外临坛大德寂照和上碑铭》，这自然是准确的。但他又说由于两人同名，因此导致《大唐安国寺故内外临坛大德寂照和上碑铭》不写作"和尚"而作"和上"，这实在是大谬不然了。和上、和尚，古代混写不别，并没有什么深刻的含义在内，佛典中这样的例子多得不胜枚举。这里随便抄录一则材料就可释然了。民国孙祖烈编《佛学小辞典》"和尚"条云："又作和上，僧徒之尊称。其义为亲教师，谓能教人学戒定慧者，犹俗家之有业师也。"[①]

利用出土文献作学术研究是今后科学研究的一个方向，它可以在一定程度上解决存世文献不足及存世文献记载错误的问题，是一个新的学术生长点。但是我们的研究必须建立在可靠的释文基础上，否则一字之差往往会导致郢书燕说的严重后果。

---

① （民国）孙祖烈编《佛学小辞典》，江苏广陵古籍刻印社影印本，第204页。

书 苑 撷 英

《中国史学基本典籍丛刊·明本纪校注》

〔明〕佚名撰，王崇武校注，中华书局 2017 年版，定价 18 元。

《明本纪》（亦称《皇朝本纪》或《皇明本纪》）一卷，作者不详，以编年体例记载朱元璋起家创业之过程，始于濠梁起兵，终于洪武五年。其主旨在于铺陈明太祖平定群雄、统一全国、创立制度的丰功伟烈。

王崇武（1911～1957）是著名明史专家，其对明初开国及靖难史事之研究，影响尤深，堪称经典。1936 年毕业于北京大学历史系，后经傅斯年提名，入中央研究院历史语言研究所工作。抗战军兴，其随史语所辗转播迁，先后至南京、长沙、广西桂林阳朔、云南昆明近郊龙泉镇，最后于 1940 年抵达四川南溪李庄，始稍稍安定。寓居李庄期间，寄情学术，销愁抒愤，焚膏继晷，成绩斐然，《明本纪校注》即是这时完成的著作之一。

王崇武在史语所最核心的工作是校勘《明实录》。此工作旷日持久，费力劳神，往往要为决断一处异文而广泛披阅相关文集、史传、方志。在校勘过程中，他时常将《明实录》与相关史料参核比读，注意其中异同之处，进而旁参文献，推求考索，尽力揭示历史之本真。受益于这番艰苦而细致的校勘工作，他对史料的认识层次大为深化，《明本纪校注》可以说是校勘《明实录》之馀所得的一项副产品。

《明本纪校注》一书，校的方面，以《纪录汇编》本为底本，用《玄览堂丛书》书、《国朝典故》本、钱谦益《国初群雄事略》引文及《明实录》等汇校，将诸本或他书之异文以小字注于正文之间；注的方面，主要用今本《太祖实录》与本书逐事比对，间采他书，再加按语剖析辨证，考其本末，精辟见解颇多。

《明太祖实录》凡三修，一修于建文帝时，再修于永乐之初，而今本乃永乐十六年纂定。王崇武指出，《明本纪》叙事质直、文字古拙，为明太祖曲作讳饰之处尚少，故可断定其成书较今本《实录》为早，就史料价值而言，多有胜于《实录》之处，不可忽视。究其性质，或是修纂《太祖实录》之原料，也可能抄自《太祖实录》初修本，实为研究明初史事的重要文献。赵俪生先生说王崇武"在著作中不太爱发议论，他的拿手本

书 苑 撷 英

领是做'细工活'",而《明本纪校注》一书显示出来的,"正是一种令人惊叹的'细工艺'本事"(赵俪生《明史专家王崇武逝世40周年祭》)。

　　《明本纪校注》曾于民国三十七年(1948)由商务印书馆出版,列入史语所专刊之二十七。1978年台湾文海出版社据以重印。由于本书绝版已久,学界颇有需求,今予以再版。借此次机会,我们重新核对了引文,改正了之前商务本中的一些排版讹字,并据现今古籍整理标点规范对书中标点稍作技术处理。另外,王崇武在史语所时期另著有《奉天靖难记注》和《明靖难史事考证稿》,亦久为学界所重,在不久的将来也会再版,以飨读者。

(鲁　明)

书 苑 撷 英

《春华集——中华书局员工文选（二〇一六年）》

中华书局编，中华书局 2017 年版，定价 40 元。

本书为中华书局员工于 2016 年发表在各媒体文章的合集，分为编辑手记、书里书外、学林散叶、百川学海、艺文类聚、中华书局读者开放日专题和特稿七个板块，共 49 篇文章。

其中，编辑手记 14 篇，涉及书目有"道教典籍选刊"、《困学纪闻注》、《日藏诗经古写本刻本汇编（第一辑）》、《杭州凤凰寺藏阿拉伯文、波斯文碑铭释读译注》、《演繁录校证》、《陈梦家学术论文集》、"三松堂全集"、《晚明大变局》、《重读先烈诗章》等；书里书外（书评文章）14 篇，涉及书目有《初照楼文集》、《辽史（修订本）》、《各在天一涯——二十位港台海外知识人谈话录》、《陶渊明的遗产》、《〈资治通鉴〉与家国兴衰》、《甗瓵留痕》、《故宫营造》、《赵无极中国讲学笔录》、《画未了：林风眠传》、《前尘梦影新录》等；学林散叶 3 篇，为对陈梦家、何其芳和杨绛等学界耆宿的缅怀；百川学海 4 篇，涉及敦煌学、史学、通俗文学等学术探讨；艺文类聚 4 篇，为书画、曲艺、民俗方面的随笔；中华书局读者开放日专题 5 篇，收录中华书局员工对 2016 年读者开放日活动的回顾与感悟；特稿 5 篇，收录中华书局前任总经理李岩、现任总经理徐俊、退休编审及在职编辑对 2016 年初辞世的傅璇琮先生的缅怀与追忆。

另外，正文前收录 2016 年中华书局版重要新书的封面书影，亦可看作一年来出版工作的总结。

（清平客）